CONTEÚDO DIGITAL PARA ALUNOS
Cadastre-se e transforme seus estudos em uma experiência única de aprendizado:

Entre na página de cadastro:
https://sistemas.editoradobrasil.com.br/cadastro

Além dos seus dados pessoais e dos dados de sua escola, adicione ao cadastro o código do aluno, que garantirá a exclusividade do seu ingresso à plataforma.

2517125A5698242

Depois, acesse: https://leb.editoradobrasil.com.br/
e navegue pelos conteúdos digitais de sua coleção :D

Lembre-se de que esse código, pessoal e intransferível, é válido por um ano. Guarde-o com cuidado, pois é a única maneira de você acessar os conteúdos da plataforma.

AKPALÔ
GEOGRAFIA

Roseni Rudek
- Licenciada em Geografia pela Universidade Federal do Paraná (UFPR)
- Professora da rede particular de ensino

Lilian Sourient
- Licenciada em Ciências Sociais pela Universidade Federal do Paraná (UFPR)
- Professora municipal por 30 anos

4º ANO
Ensino Fundamental
Anos Iniciais

GEOGRAFIA

Palavra de origem africana que significa "contador de histórias, aquele que guarda e transmite a memória do seu povo".

São Paulo, 2019
4ª edição

Editora do Brasil

Dados Internacionais de Catalogação na Publicação (CIP)
(Câmara Brasileira do Livro, SP, Brasil)

Rudek, Roseni
   Akpalô geografia, 4º ano / Roseni Rudek, Lilian Sourient. – 4. ed. – São Paulo: Editora do Brasil, 2019. – (Coleção akpalô)

   ISBN 978-85-10-07433-9 (aluno)
   ISBN 978-85-10-07434-6 (professor)

   1. Geografia (Ensino fundamental) I. Sourient, Lilian. II. Título III. Série.

19-26278 CDD-372.891

Índices para catálogo sistemático:
1. Geografia: Ensino fundamental 372.891
Maria Alice Ferreira – Bibliotecária – CRB-8/7964

4ª edição / 4ª impressão, 2024
Impresso na Forma Certa Gráfica Digital

Avenida das Nações Unidas, 12901
Torre Oeste, 20º andar
São Paulo, SP – CEP: 04578-910
Fone: +55 11 3226-0211
www.editoradobrasil.com.br

© Editora do Brasil S.A., 2019
Todos os direitos reservados

Direção-geral: Vicente Tortamano Avanso

Direção editorial: Felipe Ramos Poletti
Gerência editorial: Erika Caldin
Supervisão de arte e editoração: Cida Alves
Supervisão de revisão: Dora Helena Feres
Supervisão de iconografia: Léo Burgos
Supervisão de digital: Ethel Shuña Queiroz
Supervisão de controle de processos editoriais: Marta Dias Portero
Supervisão de direitos autorais: Marilisa Bertolone Mendes

Supervisão editorial: Júlio Fonseca
Coordenação pedagógica: Josiane Sanson
Edição: Gabriela Hengles e Guilherme Fioravante
Assistência editorial: Manoel Leal de Oliveira, Marina Lacerda D'Umbra e Patrícia Harumi
Auxílio editorial: Douglas Bandeira
Consultoria técnica: Gilberto Pamplona
Copidesque: Gisélia Costa e Ricardo Liberal
Revisão: Alexandra Resende, Andréia Andrade e Elaine Silva
Pesquisa iconográfica: Enio Lopes, Priscila Ferraz e Elena Molinari
Assistência de arte: Lívia Danielli
Design gráfico: Estúdio Sintonia e Patrícia Lino
Capa: Megalo Design
Imagem de capa: FatCamera/iStockphoto.com, LSOphoto/iStockphoto.com e Wavebreakmedia/iStockphoto.com
Ilustrações: Bruna Assis (abertura de unidade), DAE (Departamento de Arte e Editoração), Dayane Cabral Raven, Estúdio Kiwi, George Tutumi, Gutto Paixão, Henrique Assale, Kau Bispo, Leonardo Conceição, Paula Haydee Radi, Paulo César Pereira e Simone Ziasch
Produção cartográfica: Alessandro Passos da Costa, DAE (Departamento de Arte e Editoração), Sonia Vaz
Coordenação de editoração eletrônica: Abdonildo José de Lima Santos
Editoração eletrônica: Adriana Tami
Licenciamentos de textos: Cinthya Utiyama, Jennifer Xavier, Paula Harue Tozaki e Renata Garbellini
Controle de processos editoriais: Bruna Alves, Carlos Nunes, Rafael Machado e Stephanie Paparella

Querido aluno,

O mundo provoca em nós grande curiosidade. Ele é bastante amplo, repleto de pessoas e de diferentes paisagens, mas também pode ser bem pequeno quando analisamos o espaço de vivência, que pode ser nossa casa ou a rua onde moramos, por exemplo.

Este livro foi escrito para você compreender melhor o lugar em que vive, as paisagens, as pessoas e a maneira pela qual elas se relacionam com o espaço e com os outros.

Nele você encontrará fotografias, ilustrações e mapas de diversos lugares, além de explicações, poemas, músicas, reportagens e textos que o ajudarão a entender o espaço geográfico.

As atividades são diversificadas e abordam inúmeras situações, nas quais você será convidado a refletir, descobrir, pesquisar e se divertir. E o principal: tudo isso despertará seu interesse pelo conhecimento.

Esta coleção foi feita para você. Esperamos que goste!

Aproveite bem o ano!

As autoras

Sumário

UNIDADE 1
Representar e localizar os espaços .. 6

Capítulo 1: Para se localizar 8
Ajuda para se orientar 8
Sol como referência 9
A bússola..11

Capítulo 2: Representação e localização na Terra.. 14
Definindo o planeta Terra 14
O globo e o planisfério........................15

Capítulo 3: Mapas.................................. 20
Caça ao tesouro...................................20
A importância dos mapas 21
Elementos do mapa 24
Tipos de mapa 27

Capítulo 4: Brasil: localização e divisão política 30
Carta enigmática..................................30
Localização do Brasil no mundo..............31
Limites e fronteiras 34
Divisão política do Brasil.......................36
  ▸ **Como eu vejo:** O tesouro dos mapas 40
  ▸ **Como eu transformo:** Espaços muito especiais...42

▸ **Hora da leitura:** Desenho do mundo todo ... 43
▸ **Revendo o que aprendi** 44
▸ **Nesta unidade vimos** 46
▸ **Para ir mais longe** 47

UNIDADE 2
O rural e o urbano 48

Capítulo 1: Paisagens do município........ 50
Completando o espaço 50
As divisões do país............................ 51

Capítulo 2: O trabalho no campo 56
A culinária e o campo 56
Agricultura e pecuária 57
Extrativismo..................................... 61

Capítulo 3: O trabalho na cidade 64
Comprar e vender 64
Comércio e serviços 65
Indústria e transformação de produtos 69

Capítulo 4: O vai e vem entre o campo e a cidade 74
Campo e cidade: espaços que se completam ..74
Transportando pessoas e mercadorias 75
  ▸ **#Digital:** O IBGE.................................... 80

▸ **Hora da leitura:** Espaço para brincar 82
▸ **Geografia em ação:** Fotografando paisagens urbanas e rurais 83
▸ **Revendo o que aprendi** 84
▸ **Nesta unidade vimos** 86
▸ **Para ir mais longe** 87

UNIDADE 3
O espaço do município..................88

Capítulo 1: O transporte de
mercadorias 90
Descobrindo os meios de transporte 90
Ligando cidade e campo................................ 91

Capítulo 2: Entre o campo e a cidade 96
Completando a história 96
O vai e vem de pessoas 97

Capítulo 3: Quem vive no município ... 100
Fazendo uma releitura................................... 100
Quem somos? 101
> **#Digital:** Brasil, o país da diversidade .. 108

Capítulo 4: Quem nos governa............. 110
Governando com democracia....................... 110
Os três poderes 111
O que são impostos e para que servem? 116

> **Hora da leitura:** Origem do povo
> brasileiro... 118
> **Geografia em ação:** A visão de
> um migrante... 119
> **Revendo o que aprendi** 120
> **Nesta unidade vimos** 122
> **Para ir mais longe** 123

UNIDADE 4
Brasil: suas paisagens e regiões...124

Capítulo 1: A regionalização do Brasil .. 126
Agrupando conjuntos..................................... 126
Por que regionalizar?...................................... 127

Capítulo 2: Aspectos naturais do Brasil...132
Seguindo a trilha... 132
Relevo e rios 133
Cobertura vegetal 136

Capítulo 3: Formações florestais........... 140
Contando uma lenda 140
Florestas e matas.. 141

Capítulo 4: Formações arbustivas e
campestres... 146
Adivinhe a sombra 146
Caatinga e cerrado 147
Campos 152
> **Como eu vejo:** Animais em extinção ... 154
> **Como eu transformo:** Cuidando do
> verde, preservando a vida!..................... 156

> **Hora da leitura:** Vamos cantar! 157
> **Revendo o que aprendi** 158
> **Nesta unidade vimos** 160
> **Para ir mais longe** 161

Referências 162
Atividades para casa 163
Caderno de cartografia 195
Encartes.. 203

UNIDADE 1
Representar e localizar os espaços

- Que formas de representar o espaço se destacam na paisagem da sala de aula?
- Que elementos para localização os trabalhadores estão utilizando? E o motorista, está consultando que aparelho?

CAPÍTULO 1

Para se localizar

Ajuda para se orientar

Há várias maneiras de encontrar um lugar e diversos elementos que nos ajudam a entender uma localização. Júnior foi acampar e levou a bússola que ganhou de seu avô. Mas perdeu esse instrumento de orientação lá no acampamento. Ajude-o a encontrá-lo.

1. Onde a bússola está? Marque-a com um **X** e utilize as referências da imagem para indicar a localização oralmente.

2. Você já viu uma bússola? Já a utilizou para se localizar? Conte aos colegas.

Sol como referência

Ao observar a natureza, os seres humanos perceberam que era possível orientar-se e medir o tempo de acordo com a **periodicidade** dos acontecimentos. Compreendendo a regularidade com que o Sol aparentemente se movimentava no céu, foram estabelecidas direções que pudessem ser reconhecidas por todos os povos.

Glossário

Periodicidade: qualidade do que é periódico, que acontece em intervalos regulares.

Todos os dias o planeta Terra gira em torno de si mesmo. Esse movimento dá a impressão de que o Sol se move ao longo do dia – é o que chamamos de "movimento aparente do Sol". Na verdade, é o planeta que se move, ocasionando os dias e as noites. Na face da Terra que recebe luz é dia; na que não está iluminada, é noite. Para entender melhor, veja as imagens.

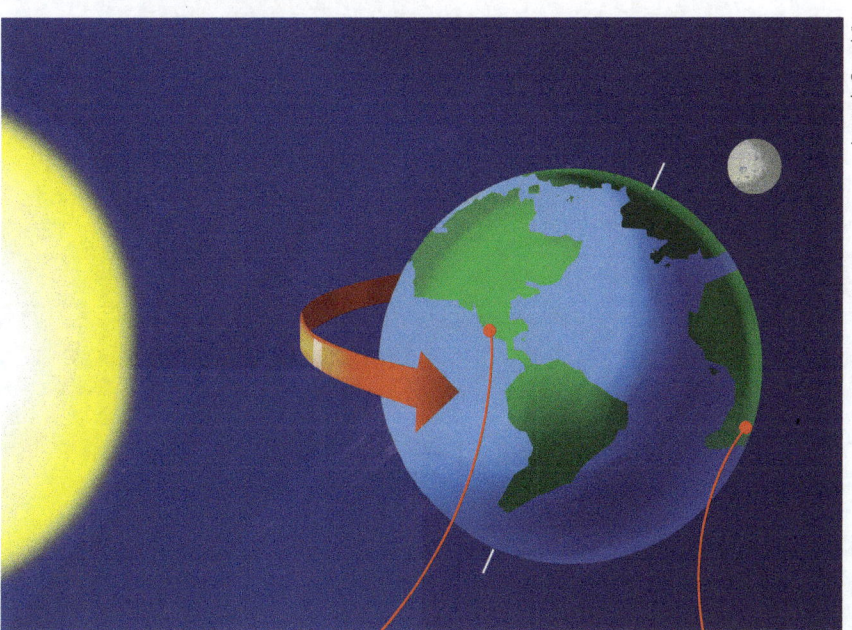

Na figura foram utilizadas cores-fantasia. Os elementos não estão representados proporcionalmente entre si e seu tamanho não corresponde ao tamanho real.

▶ Enquanto é dia em Puerto Vallarta, no México...

▶ ...ainda é noite em Soweto, na África do Sul.

O movimento aparente do Sol pode ser usado para determinar as **direções cardeais**: **norte** (N), **sul** (S), **leste** (L) e **oeste** (O). Ao perceber que o Sol surge, aparentemente, sempre na mesma direção, e que ao final do dia "desaparece" (ele se põe) na direção oposta, os seres humanos usaram esse movimento para indicar os pontos cardeais, que são referências universais. Os pontos cardeais são usados para orientar deslocamentos e indicar localização, como nos mapas. Estudaremos mais os mapas nos próximos capítulos.

Ilustrações: Estúdio Kiwi

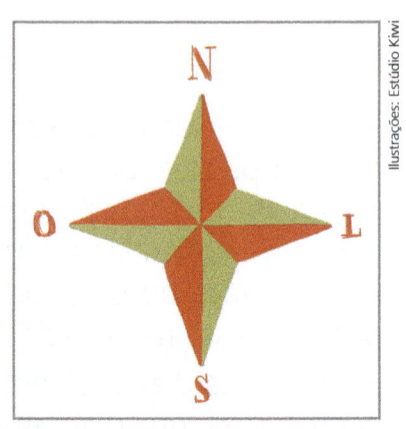

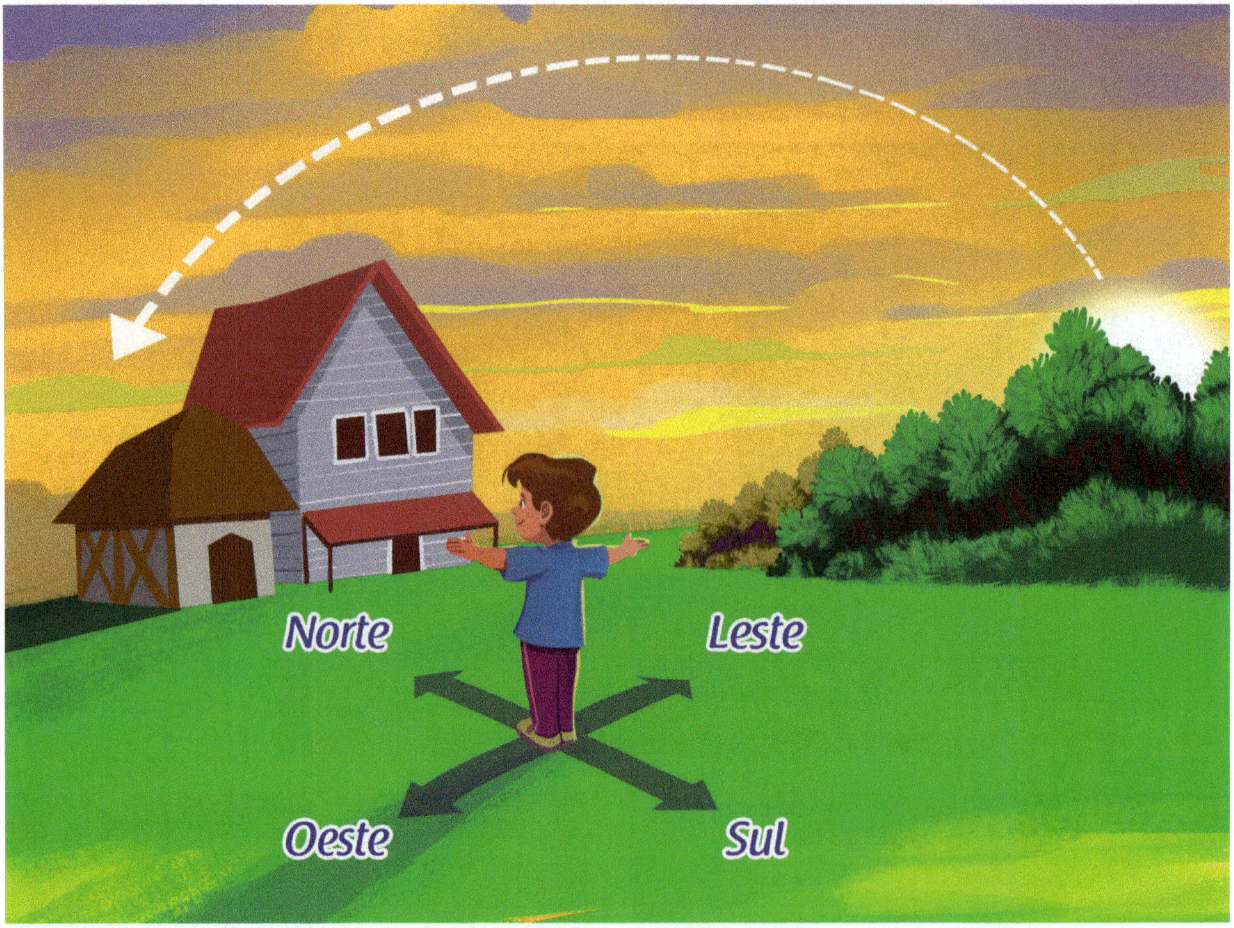

Leonardo Conceição

Muitas vezes, a orientação necessita de direções intermediárias. Para atender a essa necessidade, estabeleceram-se outras direções, denominadas **colaterais**, cujos nomes se formaram com base nas direções principais. Assim, entre o norte (N) e o leste (L) está o **nordeste** (NE); entre o norte (N) e o oeste (O), o **noroeste** (NO); entre o sul (S) e o leste (L), o **sudeste** (SE); entre o sul (S) e o oeste (O), o **sudoeste** (SO).

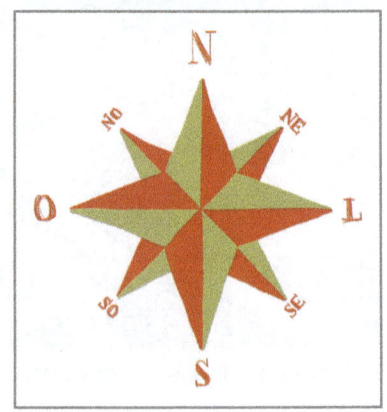

A bússola

E para nos orientarmos no período da noite ou em dias nublados ou chuvosos, como devemos proceder? Podemos utilizar a bússola.

A invenção da bússola facilitou a orientação, possibilitando ao ser humano deslocamentos mais precisos para regiões distantes. Acredita-se que os chineses foram os primeiros a utilizar esse instrumento. Inicialmente, as bússolas eram compostas de um prato que representava a Terra. O objeto que indicava o norte era uma pedra na forma de concha.

▶ Antiga bússola chinesa.

A bússola é um instrumento circular com uma agulha magnetizada que age como um ímã e sempre aponta para o norte magnético da Terra. Ela também possibilita a orientação em dias nublados ou chuvosos e à noite, quando não podemos ver o Sol.

Se identificarmos uma direção, podemos determinar as demais. A agulha da bússola indica a direção norte. Na posição oposta à direção apontada pela agulha está a direção sul; à esquerda, a direção oeste; e, à direita, a direção leste. Assim, utilizando a bússola, podemos saber a posição de um objeto ou de um local.

Hoje em dia assemelha-se a relógios de ponteiro, e há até mesmo bússolas digitais.

▶ Bússola moderna.

Atividades

1 Complete os espaços com o nome das direções cardeais e colaterais.

Dayane Cabral Raven

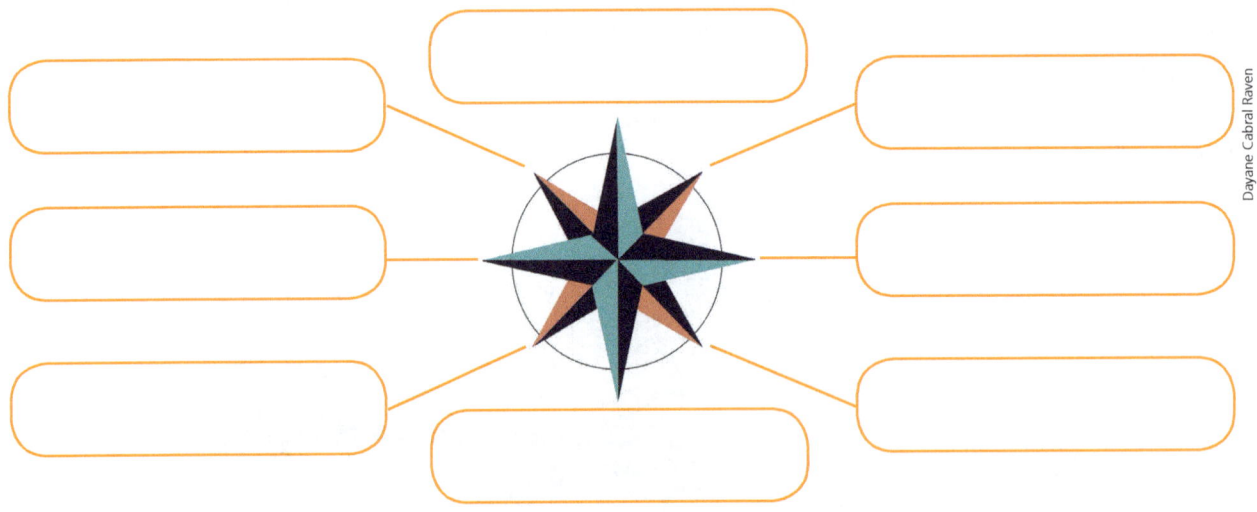

2 Considerando a rosa dos ventos, indique uma construção localizada a:

a) norte; ______________________

b) sul; ______________________

c) leste; ______________________

d) oeste; ______________________

e) sudeste; ______________________

f) nordeste; ______________________

g) sudoeste; ______________________

h) noroeste. ______________________

Estúdio Kiwi

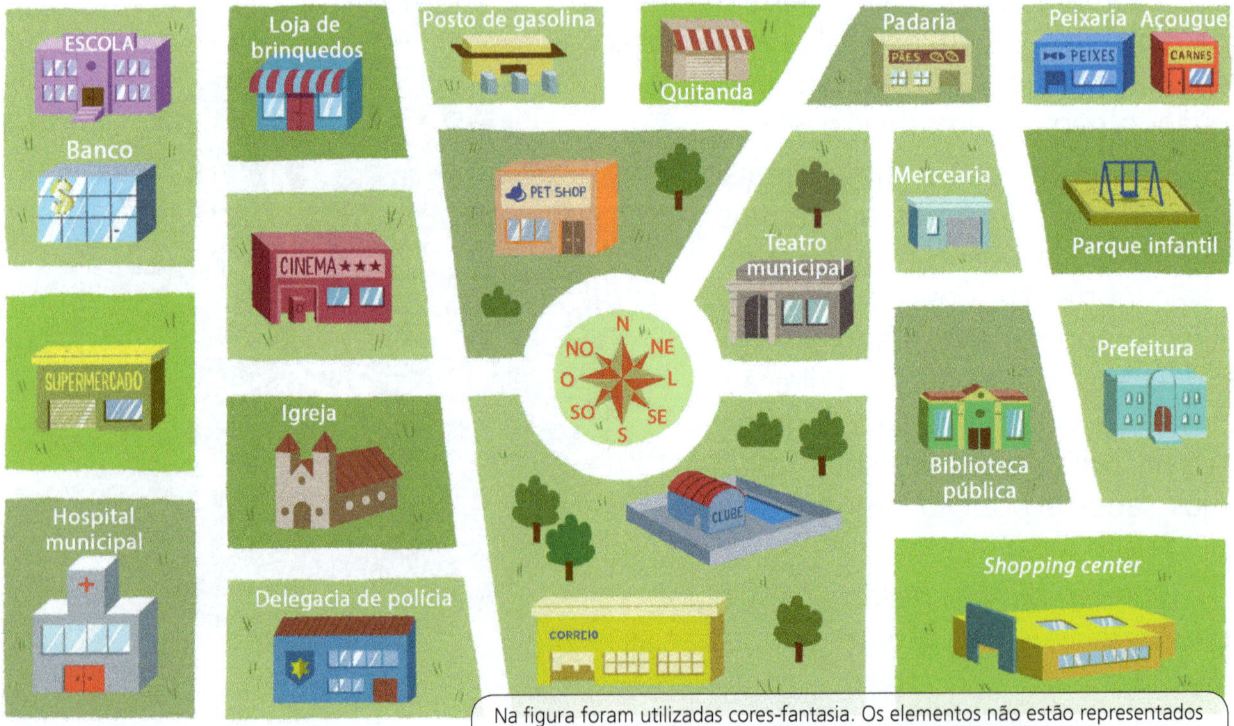

Na figura foram utilizadas cores-fantasia. Os elementos não estão representados proporcionalmente entre si, e seu tamanho não corresponde ao tamanho real.

3 Qual é a importância do uso da bússola?

_____
_____
_____

4 Como podemos nos orientar utilizando a bússola?

_____
_____
_____

5 Vamos construir uma bússola com a ajuda do professor.

Material:

- uma rolha de garrafa ou um pedaço de cortiça;
- uma agulha de costura;
- um ímã;
- um prato fundo;
- água;
- fita adesiva;
- caneta hidrocor;
- tesoura com pontas arredondadas.

Como fazer

1. No prato, escreva com a caneta hidrocor as letras iniciais das direções cardeais: norte (N), sul (S), leste (L) e oeste (O). Coloque água no prato.

2. Com a ajuda do professor, passe o ímã várias vezes na mesma extremidade da agulha, sempre no mesmo sentido. Fixe a agulha na rolha (ou no pedaço de cortiça) com fita adesiva.

3. Coloque a cortiça com a agulha no prato. A ponta imantada da agulha apontará para o norte. Gire o prato até o ponto **N** coincidir com a direção da agulha.

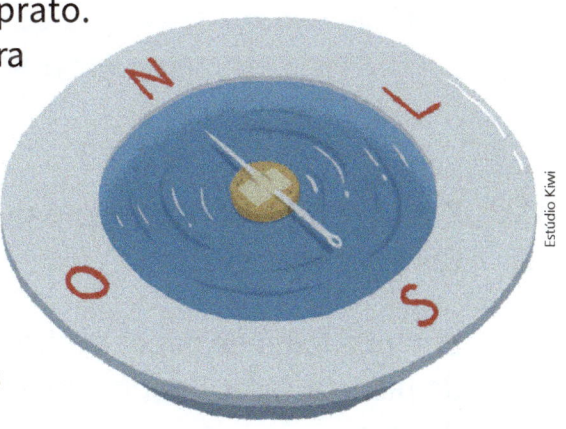

Pronto! Você conseguiu fazer uma bússola caseira e sabe onde está a direção norte e as demais direções cardeais. Usando a bússola, caminhe com os colegas no pátio da escola nas direções cardeais que o professor indicar.

CAPÍTULO 2
Representação e localização na Terra

Definindo o planeta Terra

Diogo queria saber como as pessoas definem o planeta onde vivemos; então, pediu a cada um que fizesse isso em uma frase. Veja o que disseram.

- É nossa casa no Universo.
- A Terra é azul.
- É uma bola que flutua no espaço.
- É nossa mãe.

Ilustrações: Dayane Cabral Raven

1. E você, com base em tudo o que já estudou na escola, como definiria a Terra? Conte aos colegas.

2. Em uma folha de papel avulsa, faça um desenho que represente sua definição do planeta Terra. Depois exponha-o, junto com o dos colegas, no mural da sala de aula.

O globo e o planisfério

Há muitos **astros** no Universo. O mais importante para nós é o planeta Terra, pois é nele que vivemos.

Tyrannosaurus Rex/Shutterstock.com

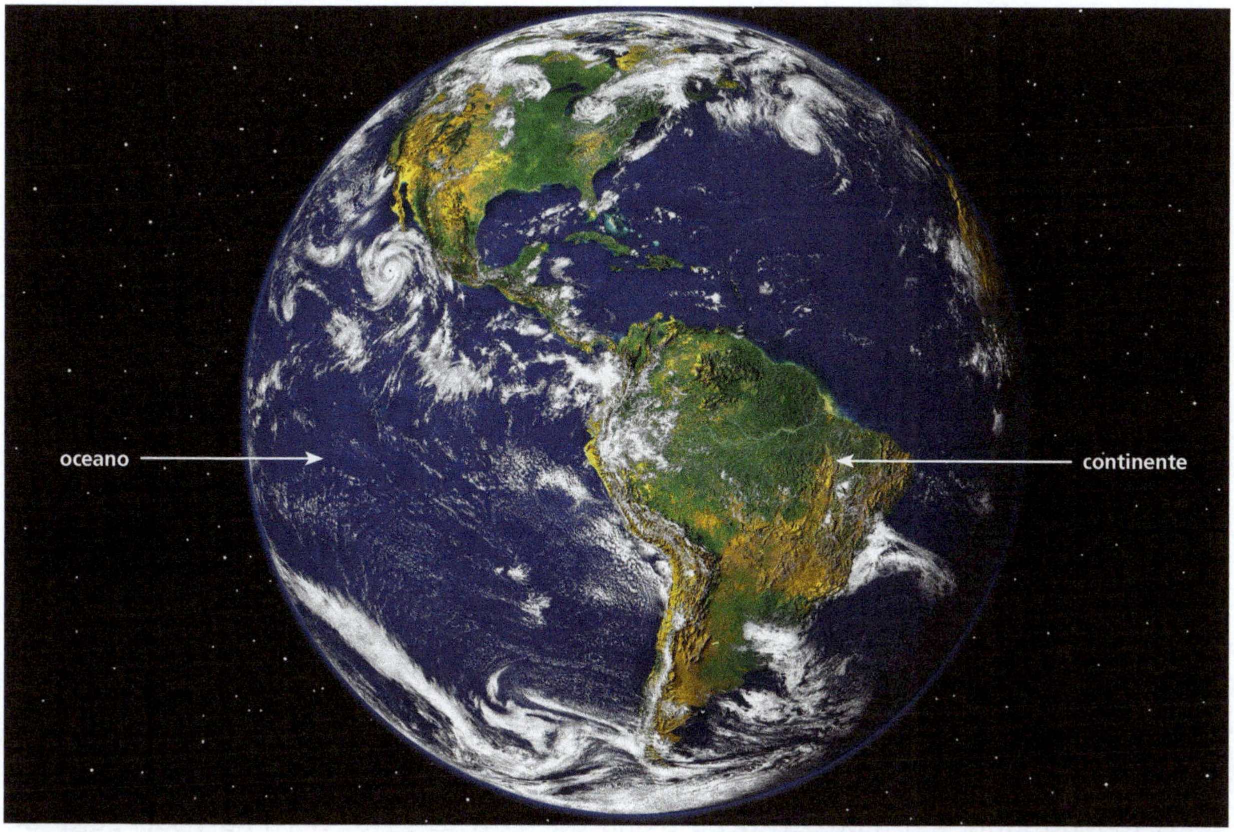

Planeta Terra no espaço.

Nessa imagem do planeta Terra visto do espaço, a parte em tons de verde, alaranjado e marrom são as terras emersas, e a grande parte azul são os oceanos. Oceanos são as grandes porções de massa líquida e salgada que recobrem cerca de 70% da superfície do planeta. Já as grandes porções de terra que estão acima do nível dos oceanos são os continentes e as **ilhas**.

Podemos representar a Terra de diferentes maneiras. O globo terrestre é uma delas. É a representação mais fiel de nosso planeta, porque mantém a forma arredondada.

Dirceu Portugal/Fotoarena

Globo terrestre.

Glossário

Astro: todo corpo que existe no espaço celeste.

Ilha: porção de terra firme, situada no mar, lago ou rio, cercada de água por todos os lados.

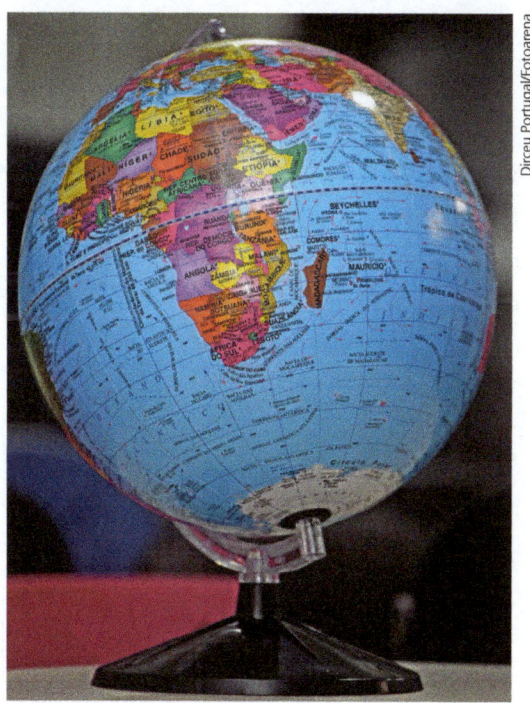

O planeta Terra também pode ser representado em uma superfície plana, como uma folha de papel. Porém, para reproduzir a forma esférica em uma superfície plana é necessário dividi-la em gomos.

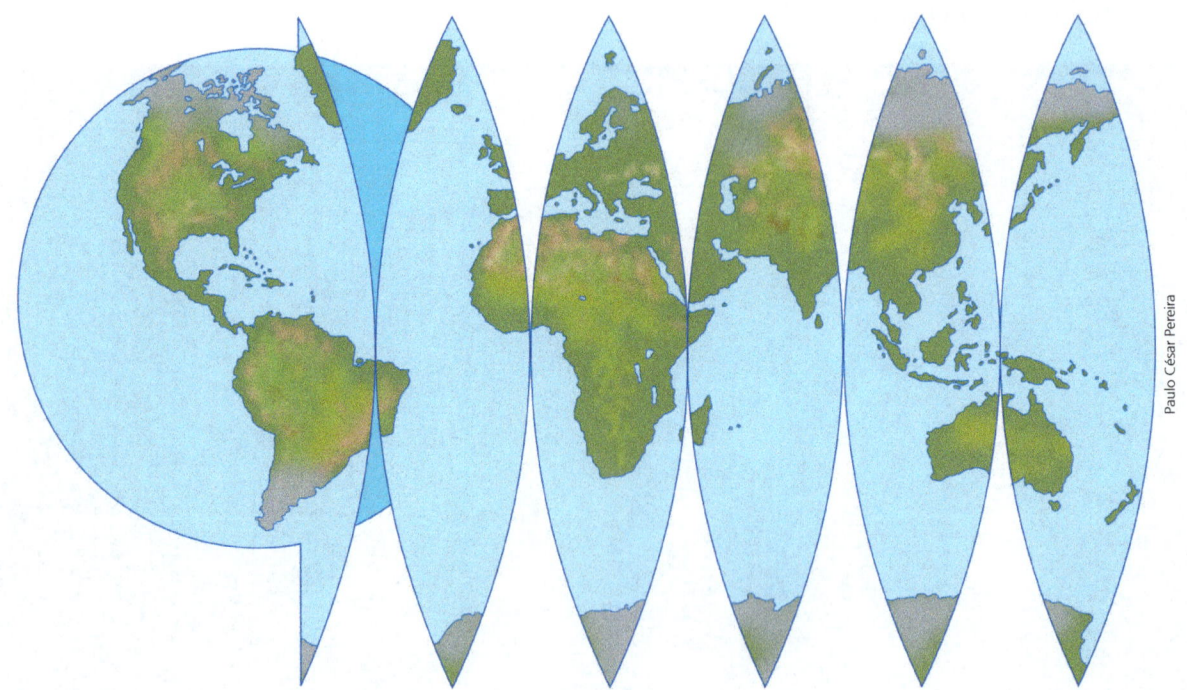

Planisfério ou **mapa-múndi** é a representação da Terra em uma superfície plana. Nela são feitos alguns ajustes que modificam a forma e o tamanho real das áreas representadas.

O mapa-múndi é a representação plana da Terra que nos dá uma visão geral de toda a superfície. Observe, no mapa-múndi a seguir, os oceanos e continentes.

Fonte: *Atlas geográfico escolar*. 7. ed. Rio de Janeiro: IBGE, 2016. p. 34.

Atividades

1 O globo e o planisfério são representações do planeta Terra. Escreva uma característica importante de cada um deles.

_____

_____

_____

2 Observe o mapa a seguir e responda às questões.

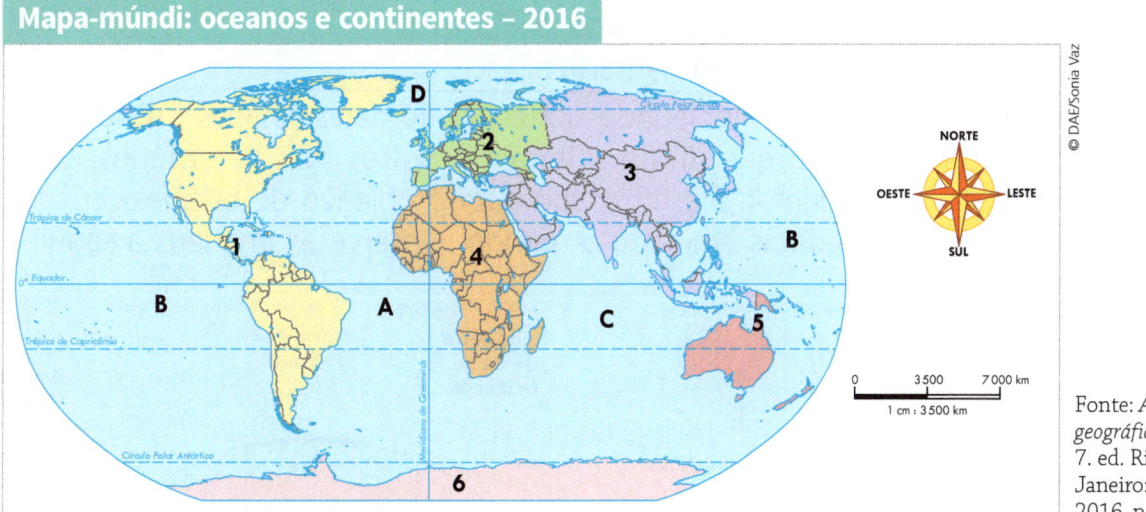

Fonte: *Atlas geográfico escolar.* 7. ed. Rio de Janeiro: IBGE, 2016. p. 34.

a) O que está representado nesse planisfério?

_____

b) Complete o quadro com o nome do que está identificado no mapa pelas letras e números. Caso necessário, consulte o mapa da página anterior.

1		6	
2		A	
3		B	
4		C	
5		D	

17

Linhas imaginárias

Você já deve ter percebido que os oceanos e continentes terrestres são extensos. E se quisermos localizar, por exemplo, um navio que está no Oceano Atlântico? Vai ser difícil indicar um ponto de referência, não é mesmo? É necessário fornecer dados de localização mais precisos.

Se você foi atento, observou que nas representações anteriores do globo e do planisfério, além dos continentes e oceanos, há algumas linhas traçadas nos sentidos norte-sul e leste-oeste. Essas linhas são imaginárias e foram criadas para facilitar a localização na superfície terrestre.

As linhas que circundam a esfera no sentido leste-oeste são chamadas **paralelos**. O principal paralelo é a Linha do Equador, que divide a Terra em dois **hemisférios**: Norte e Sul. Outros paralelos principais também recebem denominações especiais: Círculo Polar Ártico, Trópico de Câncer, Trópico de Capricórnio e Círculo Polar Antártico.

Glossário

Hemisfério: cada metade de uma esfera.

As linhas que cruzam a Terra no sentido norte-sul são denominadas **meridianos**. O principal é o de Greenwich, que divide a Terra em outros dois hemisférios: Leste ou Oriental e Oeste ou Ocidental. Ele foi criado com o objetivo de estabelecer uma padronização de horários e datas em todo o mundo. Observe as imagens a seguir.

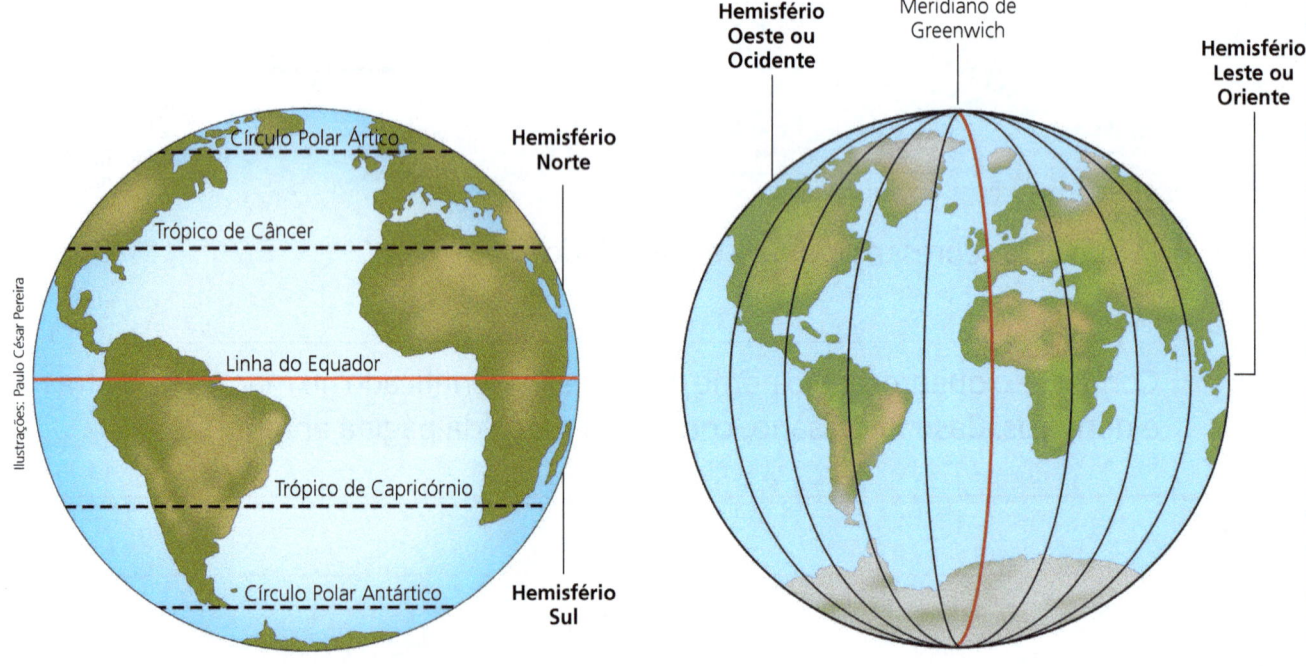

Nosso país, o Brasil, está localizado totalmente no Hemisfério Ocidental e a maior parte do território está no Hemisfério Sul. A Linha do Equador corta o norte do país, e o Trópico de Capricórnio passa pelos estados do Paraná e de São Paulo.

Atividades

1 Junte-se a um colega para fazer esta atividade com a supervisão do professor. Vocês precisam de uma bola de isopor, fios de lã de cinco cores diferentes, alfinetes e cola branca para colar a lã na bola de isopor. Usem as diversas cores de lã para circundar a bola: os fios de lã representarão os principais paralelos terrestres. Organizem uma exposição dos trabalhos produzidos.

2 Consulte o mapa-múndi que está no **Caderno de cartografia**, página 195, e escreva o nome:

a) dos paralelos que atravessam o Brasil;

_____

b) de dois países que estão totalmente no Hemisfério Norte;

_____

c) de dois países que estão totalmente no Hemisfério Sul;

_____

d) de dois países que estão totalmente no Hemisfério Leste ou Oriental;

_____

e) de dois países que estão totalmente no Hemisfério Oeste ou Ocidental;

_____

f) de dois países cortados pelo Meridiano de Greenwich.

_____

CAPÍTULO 3 — Mapas

Caça ao tesouro

Você já viu algum filme ou leu alguma história sobre caça ao tesouro?

O professor organizará a turma em dois grupos. Cada grupo escolherá um tesouro e o esconderá em algum local da escola, sem que os membros do outro grupo vejam onde é. Pensem bem antes de esconderem o tesouro. Observem os elementos que podem servir como pontos de referência para indicar a localização dele.

Agora chegou a hora de fazer um mapa para os colegas chegarem até o tesouro. Quanto mais referências o mapa tiver, mais facilitará a localização. Depois de feitos, no dia marcado pelo professor, os mapas devem ser trocados entre os grupos, e todos irão à caça dos tesouros.

1. Os dois grupos conseguiram encontrar o tesouro?

2. Qual grupo teve mais facilidade? Isso aconteceu por que o tesouro não estava bem escondido ou por que o mapa estava bem detalhado?

A importância dos mapas

Muitas vezes, ao recebermos um convite para uma festa de aniversário, junto vem um pequeno mapa para indicar o endereço e o caminho para chegarmos ao local. Esse desenho é uma representação que auxilia nosso deslocamento.

Observe as representações a seguir.

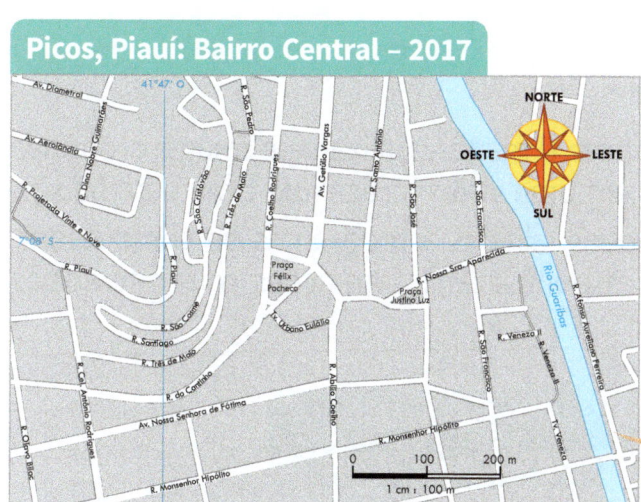

Fonte: Google Maps. Disponível em: <https://goo.gl/maps/s7K39o6dXsz>. Acesso em: abr. 2019.

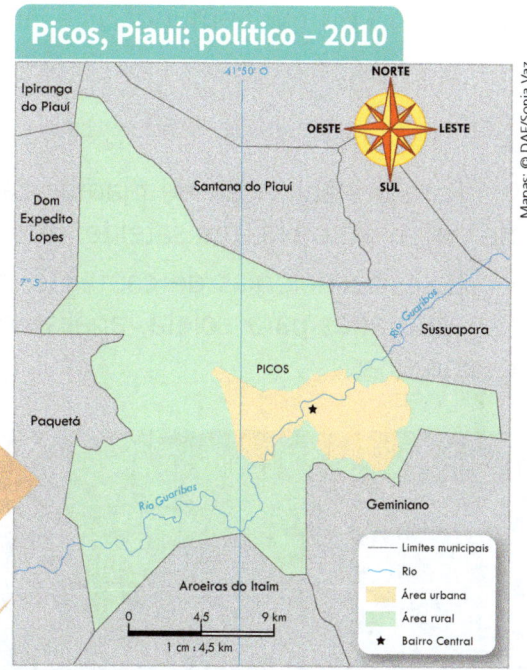

Fonte: IBGE. Disponível em: <https://portaldemapas.ibge.gov.br/portal.php#mapa103189>. Acesso em: abr. 2019.

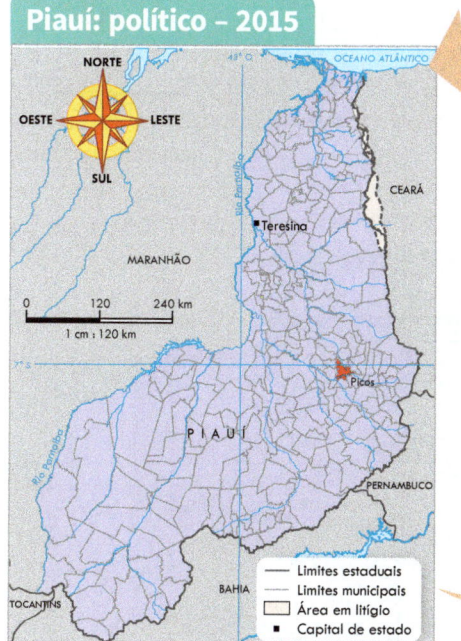

Fonte: IBGE. Disponível em: <https://portaldemapas.ibge.gov.br/portal.php#mapa766>. Acesso em: abr. 2019.

Fonte: *Atlas geográfico escolar*. 7. ed. Rio de Janeiro: IBGE, 2016. p. 90.

Um espaço pequeno, como um bairro, está inserido em espaços maiores, como o município, o estado, o país e o continente. Todos esses espaços compõem a superfície terrestre. As representações de espaços menores, como casas, terrenos ou bairros, são chamadas de **plantas cartográficas**. Usamos mapas para representar espaços maiores. Os **mapas** são representações reduzidas e planas da superfície terrestre e podem reproduzir toda a superfície ou apenas partes dela. Como você já viu anteriormente, quando o mapa representa toda a superfície terrestre é denominado de planisfério ou mapa-múndi.

Produzindo mapas

Para a elaboração de plantas cartográficas e mapas, utilizam-se imagens obtidas de um avião ou de um satélite, que fornecem uma visão vertical (de cima para baixo).

Essas tecnologias de captação de imagens, aliadas a programas de computador, são utilizadas para coleta, análise e para disponibilizar informações com referências geográficas.

▶ Fotografia aérea da ilha Antônio Vaz, no Recife, Pernambuco, 2017.

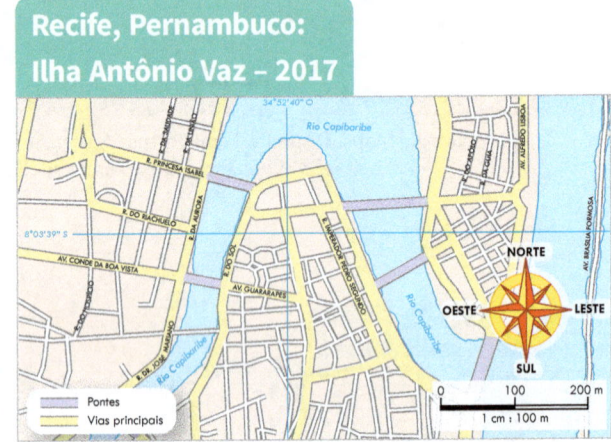

Fonte: Google Earth.

▶ Imagem de satélite da Ilha de Marajó, Pará, 2017.

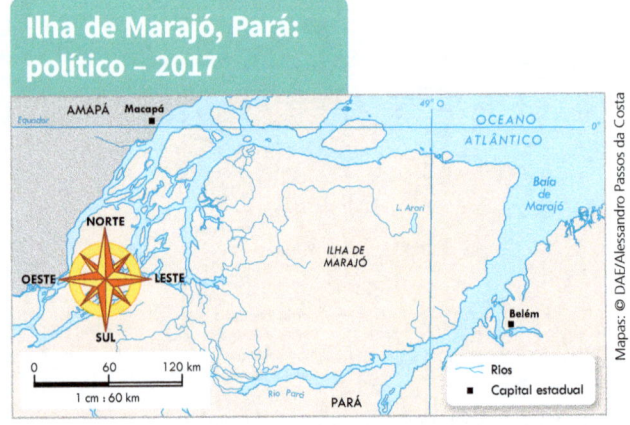

Fonte: *Atlas geográfico escolar*. 7. ed. Rio de Janeiro: IBGE, 2016.

Um pouco mais sobre

Mapas mentais

Podemos representar o espaço onde vivemos, o qual conhecemos ou percorremos, por meio de desenhos. Esses desenhos são mapas mentais e identificam algumas referências no espaço. Veja uma representação feita por um dos povos indígenas do Mato Grosso, o Ikpeng.

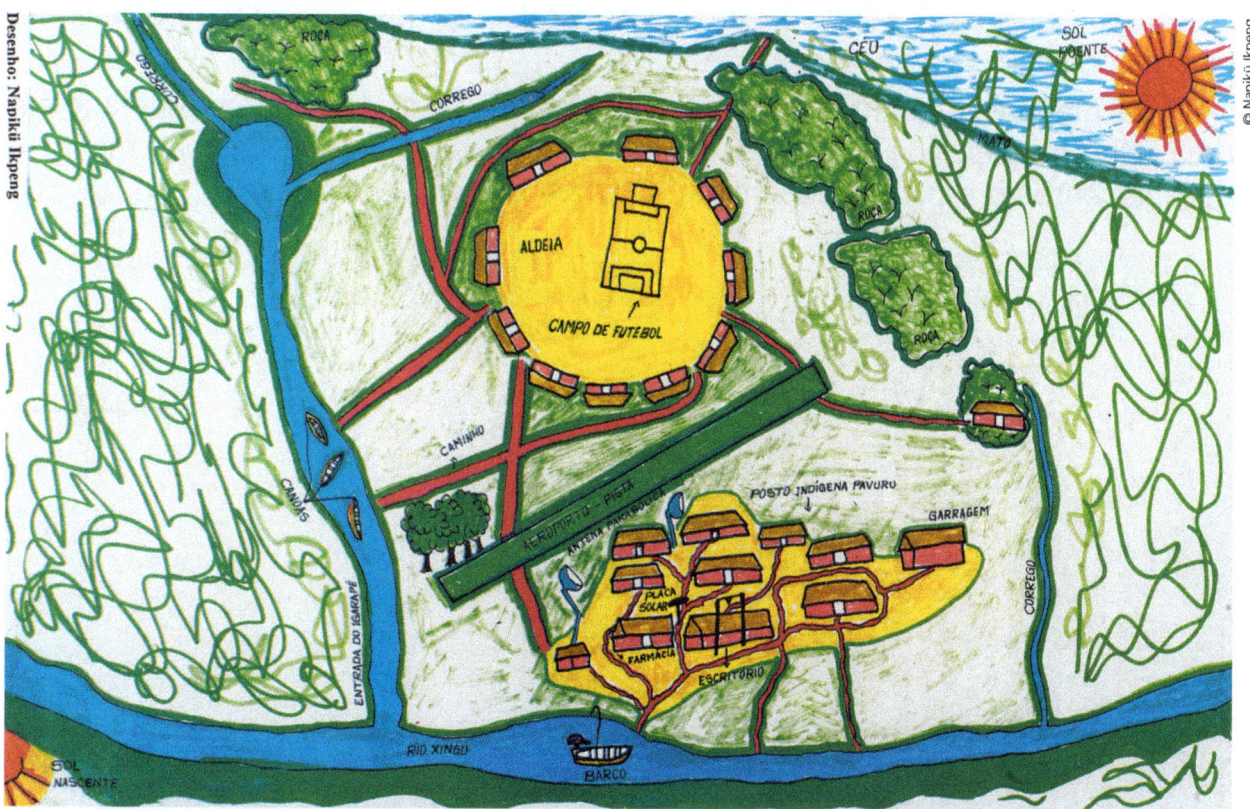

▶ Mapa mental da aldeia Ikpeng. Parque Indígena do Xingu, Mato Grosso, 1996.

1 O que chamou a sua atenção nessa representação?

___

___

2 Quais elementos foram representados?

___

___

___

Elementos do mapa

Escala

As imagens obtidas de um avião ou de um satélite são transformadas em desenhos que precisam caber em uma folha de papel ou na tela do computador. Como não conseguimos representar o espaço e seus elementos em tamanho real, precisamos ajustá-los, mantendo uma proporção entre o tamanho real da área representada (ou do elemento representado) e o tamanho dessa área ou elemento no mapa. A redução proporcional das medidas é expressa na escala, um dos elementos fundamentais para a confecção de mapas.

A **escala** mostra quantas vezes o espaço foi diminuído para ser representado em uma folha de papel ou na tela de computador. Quanto menor a escala, menor o detalhamento do espaço representado. Observe o exemplo a seguir.

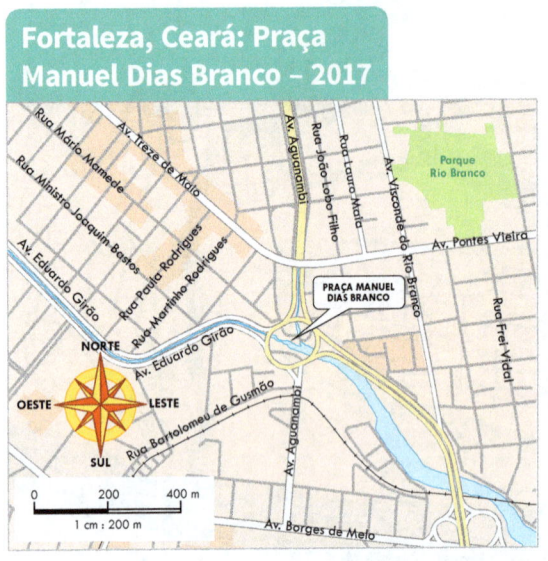

Fonte: Google Maps. Disponível em: <https://goo.gl/maps/5nb28vvq9fA2>. Acesso em: abr. 2019.

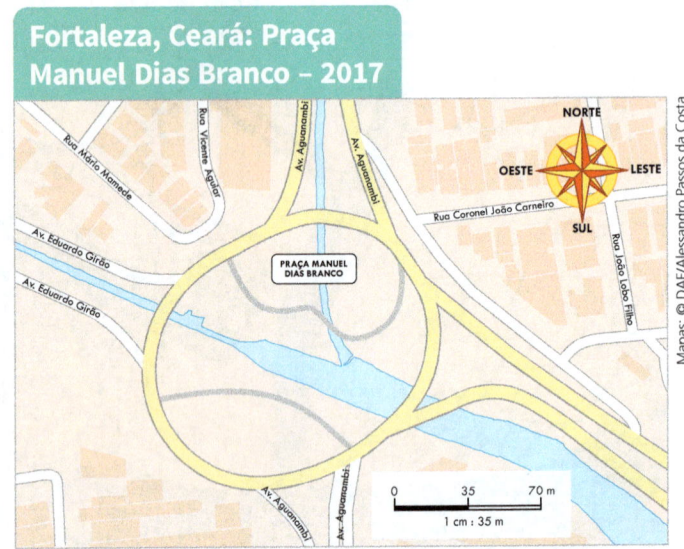

Fonte: Google Maps. Disponível em: <https://goo.gl/maps/WRhTKr5UB7o>. Acesso em: abr. 2019.

Na representação da esquerda, cada centímetro no papel equivale a 200 metros. E na representação da direita? Em qual das duas há maior detalhamento dos elementos do espaço: na que está em escala maior ou na que está em escala menor?

Legenda

Ao reduzir as dimensões do espaço e de seus elementos, fica difícil representá-lo com detalhes. Fazemos uso, então, de desenhos, símbolos, cores, traços, linhas e pontos para representar as informações do espaço geográfico. O significado de cada um é explicado na **legenda**, o quadro localizado na parte inferior do mapa.

Rosa dos ventos

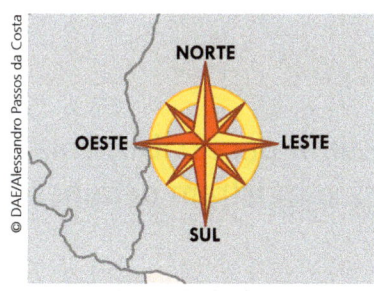

Outro elemento fundamental em um mapa é a **orientação**, representada pela rosa dos ventos ou rosa dos rumos. Nela estão as direções cardeais: norte (N), sul (S), leste (L) e oeste (O). Para determiná-las nos orientamos pelo Sol. Estique o braço direito para a direção onde o Sol nasce: nesse local é o leste; à sua esquerda estará o oeste; à frente, o norte; atrás, o sul.

Título

Outro elemento do mapa é o **título**, que indica a área mapeada e o assunto representado. Em alguns casos, o título também indica o ano ou período a que se referem as informações.

Observe a seguir um mapa com todos os elementos.

Bahia: produção agropecuária – 2013

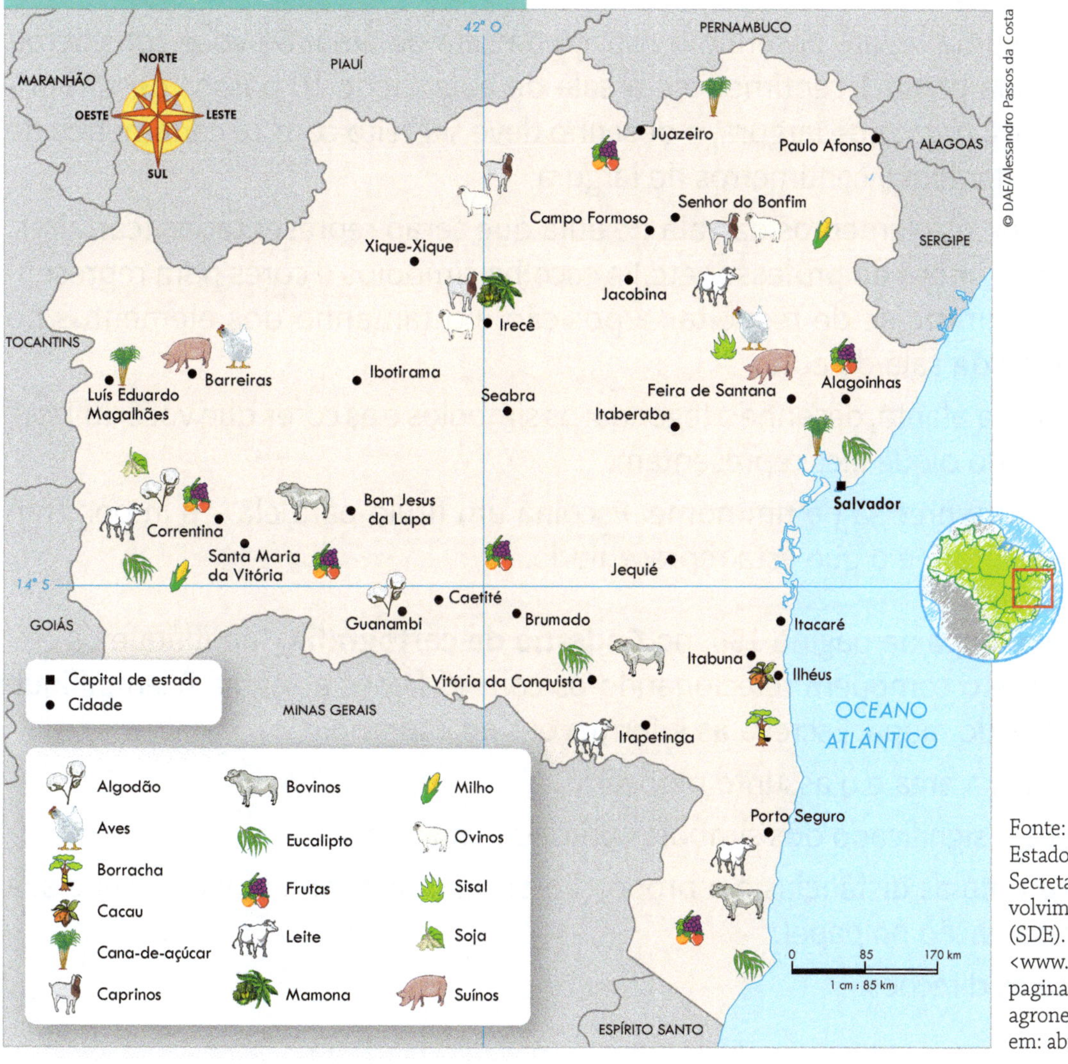

Fonte: Governo do Estado da Bahia. Secretaria de Desenvolvimento Econômico (SDE). Disponível em: <www.sde.ba.gov.br/pagina.aspx?pagina=agronegocios>. Acesso em: abr. 2019.

Cartografar

1. Plantas são mapas que representam, com a visão de cima para baixo, uma área pequena, como casas, ruas, bairros, fazendas etc., e mostram detalhes do espaço.

   Vamos elaborar a planta da sala de aula e utilizar a linguagem cartográfica?

   1. Primeiramente verifique a medida da sala de aula. Você pode usar uma fita métrica, uma trena ou até mesmo contar passos. Quantos passos ou metros correspondem à largura e ao comprimento da sala de aula?
   2. Agora é necessário estabelecer uma escala, ou seja, o critério para a redução da área que será mapeada. Tanto a planta quanto o mapa devem seguir a relação entre o tamanho real e o tamanho que será representado. Por exemplo: 1 passo ou 1 metro será representado por 1 ou 2 centímetros no desenho.
   3. Usando uma régua, desenhe o espaço da sala de aula. Se você considerou para cada passo 1 centímetro e a sala de aula mede 10 passos de comprimento e 8 passos de largura, o desenho deve ser feito com 10 centímetros de comprimento e 8 centímetros de largura.
   4. Selecione os elementos da sala de aula que serão representados (carteiras, armários, mesa do professor etc.) e escolha símbolos e cores para representá-los. Lembre-se de respeitar a posição e o tamanho dos elementos no desenho da sala de aula.
   5. Ao lado da planta, desenhe a legenda: os símbolos e as cores que você utilizou, explicando o que eles representam.
   6. Sua planta precisa de um nome. Escolha um título para ela – é importante que ele informe o que está representado.

2. Observe o mapa da página 196, no **Caderno de cartografia**. Identifique os elementos que o compõem relacionando-os com as frases a seguir. Exemplifique com dados do mapa. Escreva as informações no caderno.

   a) Identifica a área e o assunto mapeado.
   b) Explica o significado dos símbolos utilizados no mapa.
   c) Representa as distâncias e a proporção entre o tamanho real da área e sua representação no papel.
   d) Indica as direções.

Tipos de mapa

Os mapas facilitam a orientação e a localização no espaço terrestre. Eles também contêm diversas informações sobre um lugar, representadas de diferentes maneiras. Para organizar os tipos de informação e a forma de apresentá-los nos mapas, usamos as convenções cartográficas.

Os tipos principais de mapas são: **políticos**, **temáticos** e **físicos**.

Os mapas políticos representam as fronteiras e limites entre os países, estados, municípios, bairros etc. O objetivo desses mapas é indicar as divisões das diferentes áreas.

Fonte: IBGE. Disponível em: <https://mapas.ibge.gov.br/politico-administrativo/estaduais>. Acesso em abr. 2019.

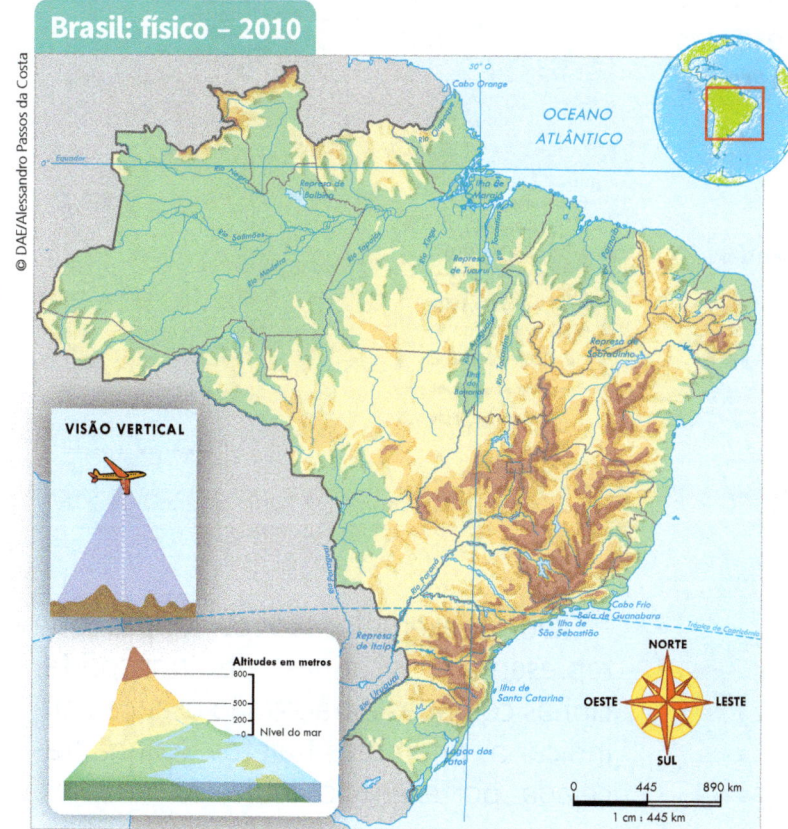

Fonte: *Atlas geográfico escolar*: Ensino Fundamental do 6º ao 9º ano. Rio de Janeiro: IBGE, 2010. p. 13.

Os mapas físicos representam aspectos naturais, como relevo, clima, hidrografia, entre outras características físicas e naturais de um espaço. Para representar os elementos mapeados, aplicam-se símbolos, cores e linhas.

No mapa ao lado estão representadas as diferentes **altitudes** do Brasil. As terras mais baixas estão identificadas com a cor verde; e as mais elevadas, com marrom.

Glossário

Altitude: elevação vertical de um ponto acima do nível médio do mar.

Os mapas temáticos são os que representam a maior variedade de informações. Em alguns deles recorre-se ao uso de desenhos para indicar os elementos. O tamanho dos símbolos também pode indicar a proporção desses elementos: quanto maior o símbolo, maior a quantidade.

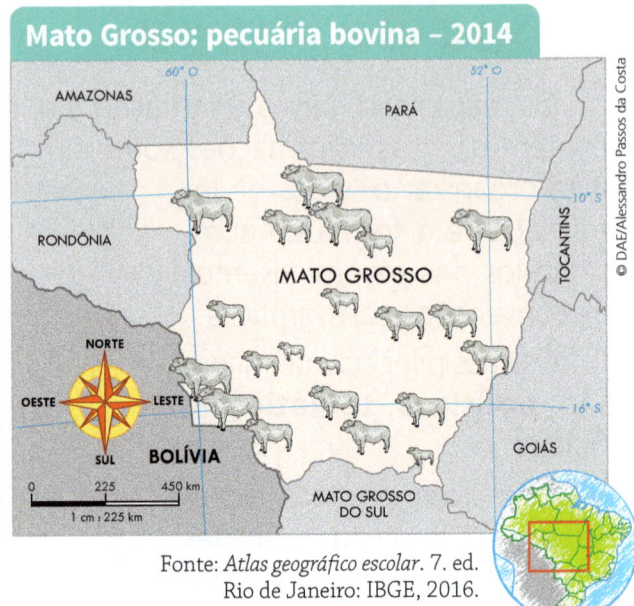

Fonte: *Atlas geográfico escolar*. 7. ed. Rio de Janeiro: IBGE, 2016.

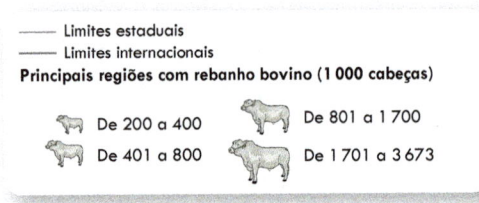

Os mapas temáticos também podem representar a informação com o emprego de cores. Um exemplo são os mapas de densidade demográfica, que representam áreas com maior ou com menor número de habitantes. Nesses mapas populacionais, as cores escuras indicam as áreas com maior número de habitantes.

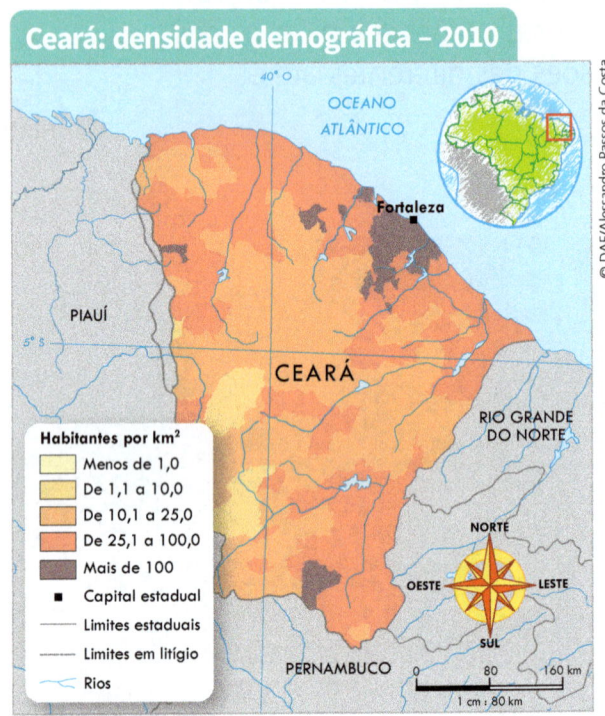

Fonte: *Atlas geográfico escolar*. 7. ed. Rio de Janeiro: IBGE, 2016.

Outro exemplo são os mapas que representam sistemas de transporte. Linhas coloridas e traços são usados para indicar os diferentes trajetos. A linha tracejada, por exemplo, indica as ferrovias.

Fonte: *Atlas geográfico escolar*. 7. ed. Rio de Janeiro: IBGE, 2016.

Atividades

Observe o mapa e depois faça as atividades de 1 a 3.

1. Identifique o título do mapa.

   _____

2. Se cada centímetro nesse mapa equivale a 473 quilômetros, calcule a distância em linha reta entre:

   • São Paulo e Belém – _____

   • Campo Grande e Distrito Federal – _____

   • Distrito Federal e Manaus – _____

   • São Luís e Belém – _____

3. Que símbolos foram utilizados nesse mapa e qual é o significado de cada um?

   _____

   _____

CAPÍTULO 4
Brasil: localização e divisão política

Carta enigmática

O que você sabe do Brasil? Decifre a carta enigmática e descubra alguns aspectos de nosso país.

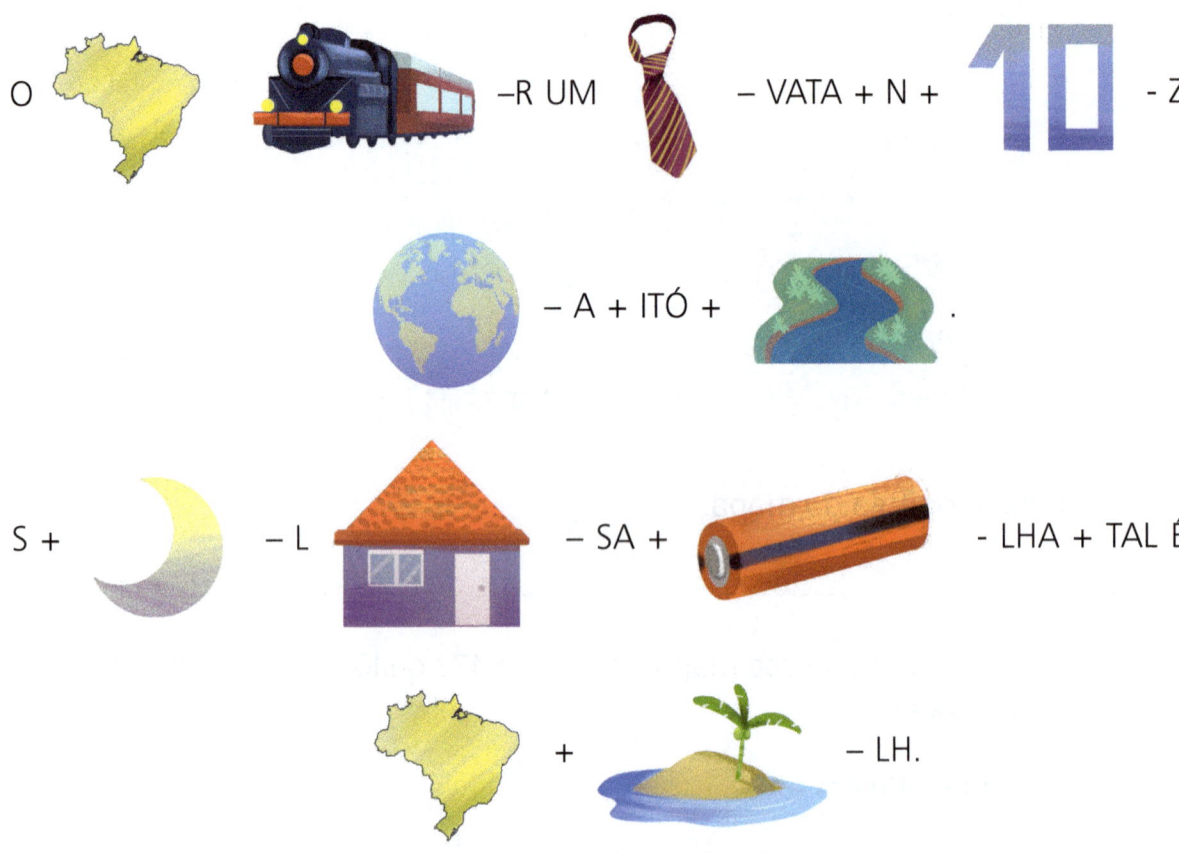

1. O que você descobriu sobre o Brasil lendo a carta enigmática?

___

___

___

2. O que mais você sabe de nosso país? Conte aos colegas.

Localização do Brasil no mundo

O Brasil é o país onde moramos. Ele está localizado no continente americano e é banhado pelas águas do Oceano Atlântico.

O continente americano estende-se de norte a sul e é formado por duas grandes massas de terra unidas por um **istmo**, banhadas a leste pelo Oceano Atlântico e a oeste pelo Oceano Pacífico.

É na porção sul do continente, denominada América do Sul, que o Brasil está localizado.

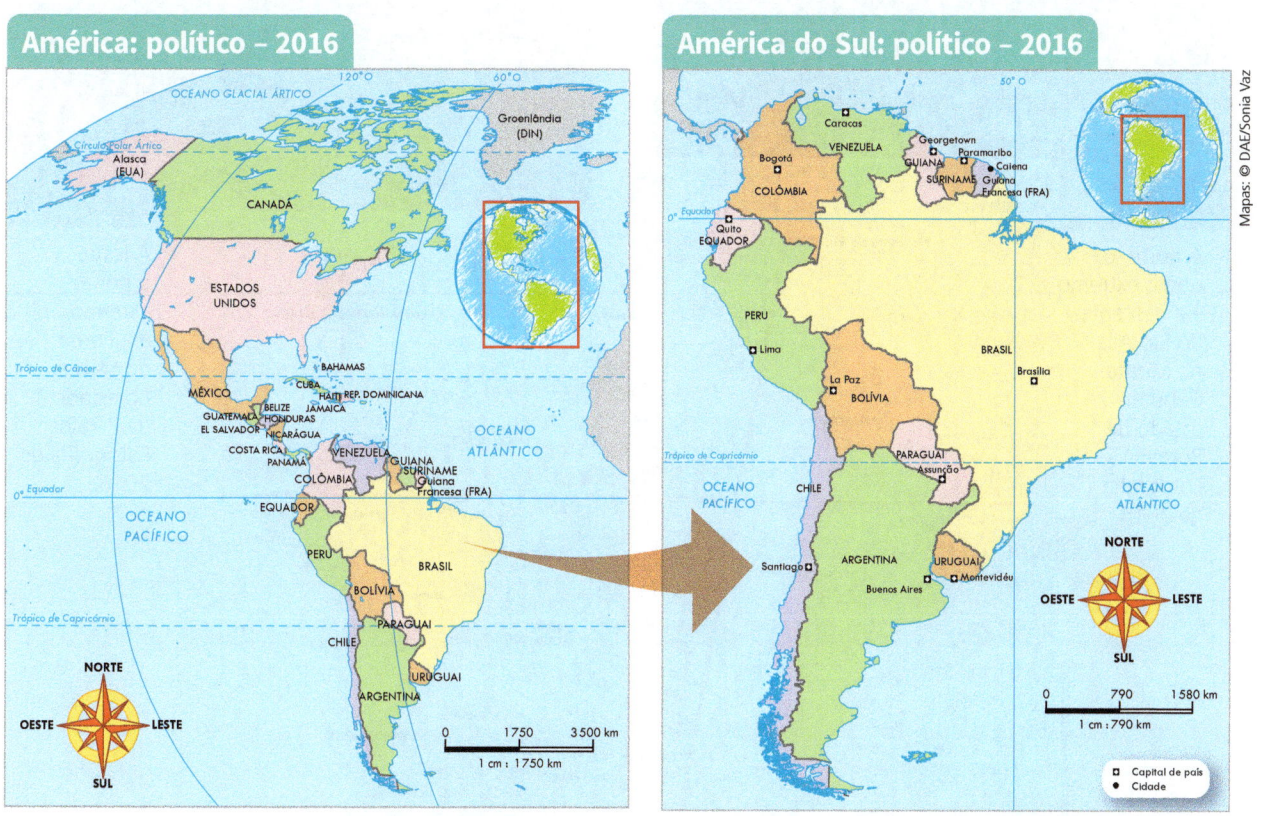

Fonte: *Atlas geográfico escolar*. 7. ed. Rio de Janeiro: IBGE, 2016 p. 32.

Fonte: *Atlas geográfico escolar*. 7. ed. Rio de Janeiro: IBGE, 2016. p. 41.

Além do Brasil, outros países estão na América do Sul: Argentina, Bolívia, Chile, Colômbia, Equador, Guiana, Paraguai, Peru, Suriname, Uruguai e Venezuela. Há também a Guiana Francesa, que pertence à França.

A grande extensão de nosso país, aliada às condições climáticas – com predomínio de temperaturas elevadas e presença de chuvas –, possibilita maior diversidade de formas de vida, com ampla variedade de espécies vegetais e animais.

Essa abundante variedade de espécies, cerca de mais de 20% do número total, coloca o Brasil como o principal país entre os 17 de maior **biodiversidade**.

Glossário

Biodiversidade: grande variedade de formas de vida (animais e vegetais) encontradas nos mais diferentes ambientes.

Istmo: estreita faixa de terra que faz a conexão, sobre as águas de um oceano ou mar, entre dois blocos de terras emersas de grande proporção.

O Brasil é o maior país da América do Sul em extensão territorial e o quinto maior do mundo. A grande extensão territorial brasileira pode ser percebida quando analisamos as distâncias que separam os pontos extremos do país, isto é, os locais mais afastados a norte, a sul, a leste e a oeste.

Glossário

Arroio: riacho, pequeno rio.

▶ A norte, o ponto extremo é a nascente do Rio Ailã, no Monte Caburaí, estado de Roraima. Fotografia de 2014.

▶ A leste, o ponto extremo é a Ponta do Seixas, no estado da Paraíba. Fotografia de 2016.

Fonte: *Atlas geográfico escolar*. 7. ed. Rio de Janeiro: IBGE, 2016. p. 91.

▶ A oeste, o ponto extremo é a nascente do Rio Moa, no estado do Acre. Fotografia de 2015.

▶ A sul, o ponto extremo é o **Arroio** Chuí, no estado do Rio Grande do Sul. Fotografia de 2013.

Um pouco mais sobre

Limites

Diariamente podemos observar espaços físicos divididos por linhas, paredes, muros, entre outros. Para classificar essas formas de divisão, a Geografia utiliza a palavra **limite**, que é a linha ou o ponto, real ou imaginário, que marca a separação entre duas coisas, especialmente dois terrenos.

Nos campos e quadras onde são praticados diversos esportes, as linhas demarcam o limite. Em um campo de futebol, costuma-se demarcar a área do gol e as linhas em que a bola pode correr. Em uma quadra de vôlei, a rede e as linhas marcam o limite do campo de cada time.

Um rio pode marcar a separação da área de dois municípios. Outros elementos também são usados para marcar os limites de diferentes espaços, como uma estrada ou um conjunto de montanhas.

Nem sempre os limites são visíveis nas paisagens. Algumas vezes eles estão indicados por sinalizações.

▶ Rio Paraguaçu, que delimita as cidades de São Félix e Cachoeira. Bahia, 2016.

▶ Placa indica o limite dos municípios de Nova Olinda e Crato. Ceará, 2015.

1 Em uma residência, o que pode ser utilizado para indicar o limite entre os cômodos ou partes dela?

_____

2 O que demarca os limites de sua escola? Depois de responder, represente por meio de desenhos, no caderno, um desses limites.

3 Você conhece algum dos elementos utilizados para indicar os limites de seu município? Conte aos colegas.

Limites e fronteiras

O território de cada município, estado ou país é demarcado por seus limites, que indicam onde ele começa e termina.

Para definir os limites são utilizados elementos da natureza, como rios, lagos e montanhas, ou são feitas demarcações artificiais.

Já as fronteiras correspondem à faixa do território de um país que se estende ao longo da linha de limite. As fronteiras podem ser terrestres e marítimas.

- **Fronteira terrestre:** área que um país estabelece com outros países ao longo da linha de limite.
- **Fronteira marítima:** faixa que corresponde à parte do território do país que é banhada por águas oceânicas.

Com exceção do Chile e do Equador, o Brasil faz fronteira com todos os demais países da América do Sul. Observe no mapa os limites e as fronteiras do Brasil.

Fonte: Vera Caldini e Leda Ísola. *Atlas geográfico Saraiva*. 4. ed. São Paulo: Saraiva, 2013. p. 31.

Atividades

1. Observe a imagem ao lado.

   a) A fotografia mostra a fronteira entre dois países da América do Sul. Quais?

   _____

   b) A fronteira entre esses países é terrestre ou marítima? Justifique sua resposta.

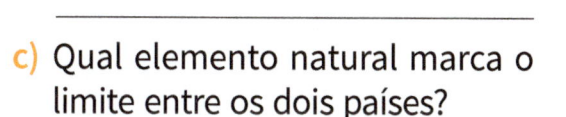

   _____
   _____
   _____

   c) Qual elemento natural marca o limite entre os dois países?

   _____

   ▶ Ponte Internacional da Amizade sobre o Rio Paraná, que liga Foz do Iguaçu, no Brasil, à Ciudad del Este, no Paraguai, 2015.

2. Consulte novamente o mapa político da América do Sul (página 31) e responda: Qual é o país que está mais ao sul? Ele faz fronteira com quais países?

   _____
   _____

3. A fotografia mostra o ponto mais oriental do Brasil. Qual é e onde se localiza?

   _____
   _____
   _____
   _____

   ▶ Fotografia de 2014.

35

Divisão política do Brasil

Como você viu anteriormente, o Brasil tem um grande território. Para que esse território possa ser melhor administrado, ele foi dividido em 27 unidades: 26 estados e um **Distrito Federal**, onde se localiza Brasília, a capital do país.

Observe no mapa a divisão político-administrativa do Brasil.

Glossário

Distrito Federal: unidade político-administrativa que abriga a sede do Poder Executivo Federal, o Congresso Nacional, o Superior Tribunal de Justiça e o Superior Tribunal Federal.

Brasil: político – 2016

Fonte: *Atlas geográfico escolar*. 7. ed. Rio de Janeiro: IBGE, 2016. p. 90.

Cada estado é dividido em municípios, e um dos municípios é a capital do estado. Para uma cidade ser capital, ela precisa ser a sede do governo, ou seja, o local de onde o governo exerce autoridade.

O número de municípios não é igual em todos os estados. Minas Gerais é o estado brasileiro que tem o maior número de municípios (853), e Roraima é o que tem menos (15).

Conforme você pode observar no mapa, a dimensão dos estados varia. Há os de grande extensão, como Amazonas e Pará, e os de menor extensão, como Sergipe e Alagoas.

A organização territorial do Brasil sofreu alterações no decorrer da história. No início da colonização portuguesa, para assegurar a posse da terra e de suas riquezas, o território foi dividido em faixas de terra, chamadas de capitanias hereditárias e doadas aos nobres portugueses para que eles administrassem a terra e gerassem lucros para Portugal. Durante quatro séculos, a configuração territorial foi se alterando com a anexação de novas áreas, ampliando os limites territoriais do país.

No início do **século 20**, a demarcação das fronteiras brasileiras foi efetivada e, desde essa época, a configuração dos estados brasileiros sofreu várias alterações.

A última mudança na organização política do Brasil ocorreu em 1988, quando foi publicada uma nova **Constituição**. Nesse ano, foi criado o estado do Tocantins, desmembrado do estado de Goiás.

Compare o mapa a seguir, de 1970, com o atual mapa político do Brasil da página anterior. Que mudanças nas divisões dos estados você consegue observar?

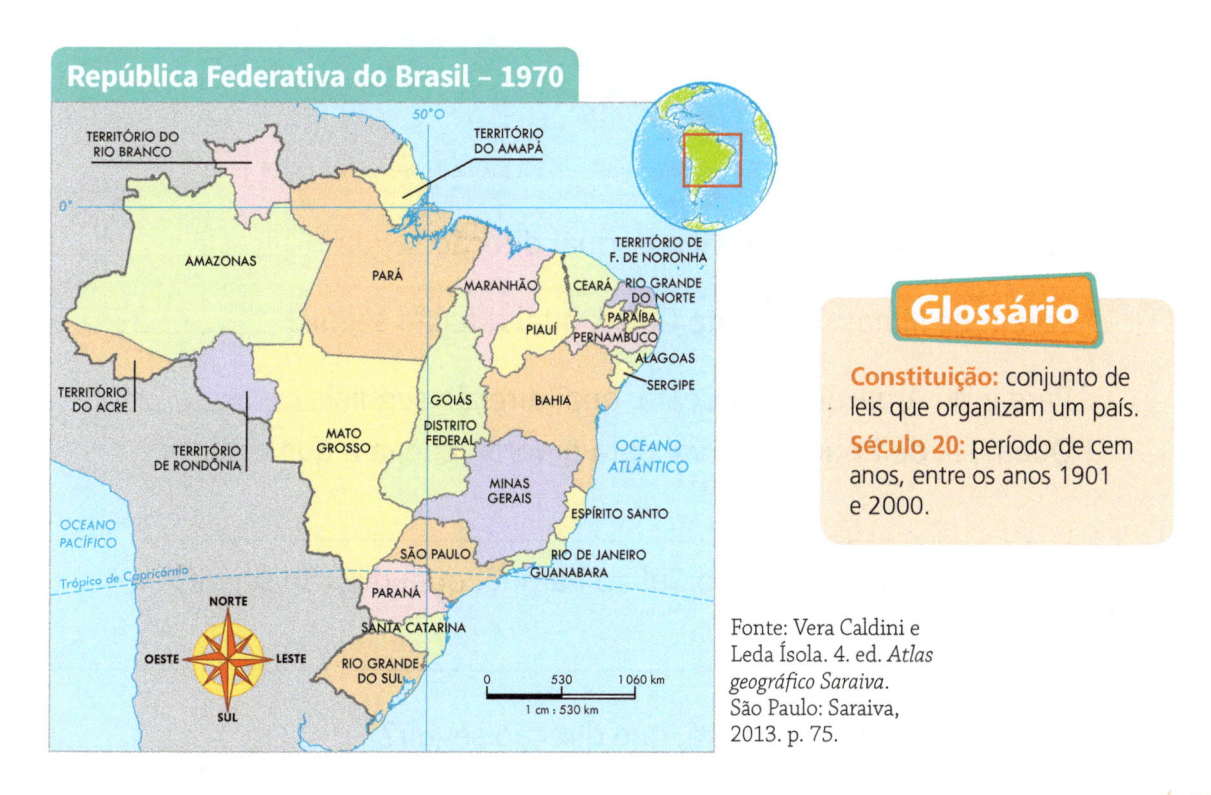

Capitanias hereditárias – Século 16

Fonte: Cláudio Vicentino. *Atlas histórico: geral e do Brasil.* São Paulo: Scipione, 2011. p. 100.

República Federativa do Brasil – 1970

Fonte: Vera Caldini e Leda Ísola. 4. ed. *Atlas geográfico Saraiva.* São Paulo: Saraiva, 2013. p. 75.

Glossário

Constituição: conjunto de leis que organizam um país.

Século 20: período de cem anos, entre os anos 1901 e 2000.

Cartografar

1. Na rosa dos ventos ou rosa dos rumos estão representadas as direções cardeais e colaterais. Copie o desenho da rosa dos ventos da página 25 em um pedaço de papel ou plástico transparente. Agora coloque a rosa dos ventos sobre o mapa do Brasil e responda às questões.

Brasil: político – 2016

Fonte: *Atlas geográfico escolar*. 7. ed. Rio de Janeiro: IBGE, 2016. p. 90.

a) Para ir do Piauí a Minas Gerais, qual direção seguir? _____

b) Para ir de Minas Gerais até Goiás, qual direção seguir? _____

c) Para ir do Amazonas ao Ceará, qual direção seguir? _____

d) Quem sai de Rondônia e vai para o norte, chega a que estado?
_____

e) Para ir do Mato Grosso do Sul ao Paraná, qual direção seguir?
_____

f) Para ir da Bahia até o Pará, que direção seguir? _____

Atividades

1 Como o território brasileiro está organizado politicamente?

_____

2 Qual é a capital do Brasil?

_____

3 Em que continente o Brasil se situa e qual é o oceano que o banha?

_____
_____

4 Muitas vezes elementos naturais são usados para definir os limites entre diferentes países, estados e municípios. Observe o mapa da página 197, no **Caderno de cartografia**, e responda às perguntas.

a) Que estados estão representados no mapa?

_____

b) Com quais países esses estados fazem fronteira?

_____
_____
_____

c) Que convenção cartográfica foi utilizada para identificar os limites internacionais e os limites estaduais?

_____
_____
_____

d) Que rio limita o Rio Grande do Sul e a Argentina?

_____

e) Que rio está na divisa do Paraná com o Paraguai?

_____

Como eu vejo

O tesouro dos mapas

Os mapas são importantes ferramentas de orientação, localização e informação. Eles podem ser utilizados para representar diferentes características de um espaço. Que tal partirmos em uma aventura pelo mundo dos mapas?

Os mapas mais antigos representavam o mundo conhecido até então e também como ele era imaginado.

A relação humana com os mapas é muito antiga. Cada sociedade, em todas as épocas, procurou um meio de registrar sua passagem pelos lugares e delimitar seus territórios.

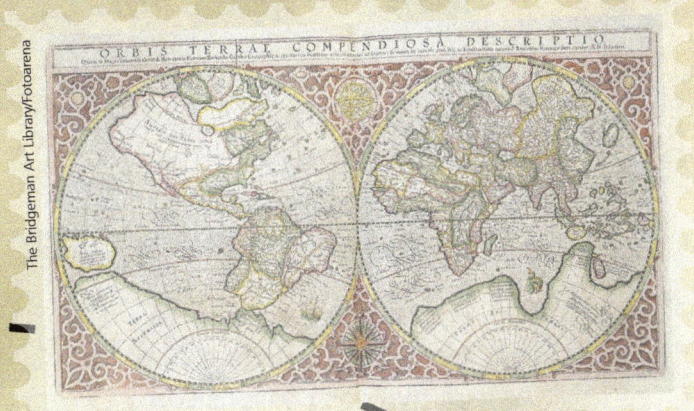

Foi Mercator (1512-1594) quem primeiro usou a palavra **atlas** para nomear uma coleção de mapas. Para facilitar as navegações, ele desenvolveu uma maneira de representar a Terra que até hoje é muito usada. Esse tipo de projeção privilegia as distâncias, embora cause distorções em algumas formas representadas no mapa.

Os mapas ajudam a entender determinado lugar e a planejar ações e intervenções nele. Neste mapa, por exemplo, vemos as principais formações vegetais do Rio Grande do Sul. A elaboração de mapas de vegetação, por exemplo, possibilita identificar locais mais adequados para o desenvolvimento econômico e áreas importantes a serem preservadas.

Rio Grande do Sul: formação vegetal – 2017

Fonte: Biodiversidade RS. Disponível em: <www.biodiversidade.rs.gov.br/arquivos/1161807874veg_rs.jpg>. Acesso em: abr. 2019.

Os mapas e globos táteis são destinados às pessoas com alguma deficiência visual, por isso têm características (formas e texturas) que possibilitam a leitura por meio do tato.

1. Em que situações você pode utilizar um mapa?
2. De que forma o mapa nos ajuda a conhecer as características de um local?

Como eu transformo

Espaços muito especiais

História • **Língua Portuguesa**

O que vamos fazer?

Um mapa descritivo dos locais da cidade considerados importantes e especiais para as pessoas que moram na comunidade.

Com quem fazer?

Com os colegas, o professor e as pessoas que moram na comunidade.

Para que fazer?

Para conhecer melhor a história da cidade e a relação afetiva das pessoas com os espaços nas diferentes épocas.

Como fazer?

1. Participe de uma roda de conversa com os colegas e o professor: Há algum local de sua casa, da escola ou dos arredores que é especial para você? Por quê?

2. Com o professor, elabore um questionário para entrevistar pessoas que moram com você. A ideia é descobrir os locais da cidade que são importantes para elas por trazerem boas recordações.

3. Entreviste duas pessoas e, no dia combinado, traga as respostas para a escola e compartilhe-as com os colegas. O que vocês descobriram?

4. Registre no mapa da cidade, com ajuda do professor, os locais descritos nas entrevistas. Você conhece esses locais? Será que eles permanecem iguais desde a sua construção? Como podemos descobrir essa informação? Reflita com os colegas e o professor.

5. Nos locais registrados no mapa da cidade, onde constarão aqueles indicados pelos entrevistados, incluam números ou letras. Depois elaborem pequenos textos explicativos com as informações coletadas.

6. O resultado final é um mapa de memórias confeccionado por você e pelos colegas, com orientação do professor.

Em sua opinião, é importante cuidar dos espaços que frequentamos? Por quê?

Hora da leitura

Desenho do mundo todo

O texto a seguir conta a história de um menino que descobriu um mapa muito especial. Leia com os colegas.

O mapa do mundo

Meu pai tem um pôster lá no escritório dele que é um barato. Grandão e todinho colorido. Acho até que tem todas as cores que eu conheço. Amarelo, azul, verde, vermelho... todas mesmo. Um dia eu estava lá, olhando pra ele, e o papai me viu e perguntou:

– Que foi, Rô? (Esse é o meu apelido, que o nome mesmo é Rodrigo.) – Está gostando do meu mapa?

Daí eu fiz que sim com a cabeça, mas não entendi o que ele tinha falado, não. Mapa? Eu sempre achei que era só um desenho... daqueles assim que eu faço, sem pé nem cabeça, quando eu não estou com vontade de desenhar foguete, nem casinha, nem palhaço e fico só rabiscando pra ver no que dá. Daí eu pinto de uma porção de cores e fica bem bonito. Por isso eu achei que aquilo no escritório do papai era só um desenho sem pé nem cabeça, rabisco de gente grande. Então ele me explicou que era um desenho, sim, o desenho do mundo inteirinho... com todos os lugares que existem no nosso planeta. Até a China tinha. [...]

– E a casa da gente, cadê? – eu perguntei.

– Não, Rô, o mapa-múndi só mostra assim em geral pra gente saber qual é a cara do mundo. Não ia caber tudo aí nesse retângulo!

– Sei, sei, mas uma coisa eu reparei nesse desenho do mundo... quem pintou gostava mais de *azul* do que das outras cores ou então era o lápis que estava maior, né? [...]

Evelyn Heine. *O mapa do mundo*. Disponível em: <http://divertudo.com.br/evelyn/omapadomundo.pdf>. Acesso em: abr. 2019.

Responda no caderno.

1. A autora diz que Rodrigo observou um desenho diferente. Que desenho era esse?

2. O que Rodrigo pensava sobre o desenho?

3. Qual foi a explicação que o pai de Rodrigo deu sobre o desenho?

4. Por que no desenho tinha mais cor azul?

Revendo o que aprendi

1 Pinte os números ímpares em ordem crescente e descubra o nome do local em que o Sol nasce. Depois escreva as direções considerando o Sol e a posição da menina na imagem.

2 Leia a tira a seguir e responda às questões.

J. L. Quino. *Toda Mafalda*. São Paulo: Martins Fontes, 2003. p. 104, tira 4.

a) Que tipo de representação do planeta a tira mostra? Cite uma vantagem e uma desvantagem desse tipo de representação.

_____

_____

b) Quando Mafalda cita "modelo reduzido", ela caracteriza qual elemento cartográfico?

_____

3 Relacione a primeira coluna com a segunda para associar cada elemento do mapa a sua definição.

a) título

b) legenda

c) escala

d) orientação

◆ Mostra a relação entre o tamanho real da área representada e seu tamanho no mapa.

◆ Indica o que está representado no mapa.

◆ Explica o significado dos símbolos e das cores utilizados no mapa.

◆ Identifica as direções do mapa, geralmente pela rosa dos ventos.

4 O que é fronteira?

_____

5 A fotografia mostra a fronteira entre dois países. Quais são eles?

▶ Foz do Iguaçu, Paraná, 2015.

_____

6 Em qual estado brasileiro você mora? Verifique o mapa da página 36 e indique os limites de seu estado em todas as direções: cardeais e colaterais.

_____

_____

Nesta unidade vimos

- O Sol e a bússola podem ser utilizados para indicar as direções cardeais. O Sol nasce na direção leste e a bússola é um instrumento que indica a direção norte.

▶ A bússola tem uma agulha magnetizada que sempre aponta para o norte magnético da Terra, como vimos na página 11.

- O globo terrestre e o planisfério são formas de representar o planeta Terra. Mapas são representações reduzidas e planas da superfície terrestre e podem representar toda a superfície ou parte dela. Os elementos que compõem um mapa são: título, legenda, escala e rosa dos ventos.

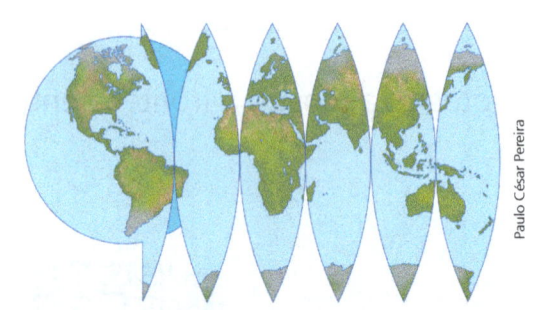

▶ Para reproduzir a superfície esférica em uma superfície plana é necessário dividi-la em gomos, como visto na página 16.

- O Brasil está localizado no continente americano e é banhado pelas águas do Oceano Atlântico. O território brasileiro é dividido em 26 estados e um Distrito Federal, onde está Brasília, a capital do país.

▶ Nosso país faz fronteira terrestre com quase todos os países da América do Sul, como vimos na página 35.

Para finalizar, responda:

- Que elementos podem ser utilizados para nos localizarmos ou indicarmos uma direção?
- Quais são as funcionalidades dos mapas?
- Como são indicados os limites no local onde você mora?

Para ir mais longe

Livros

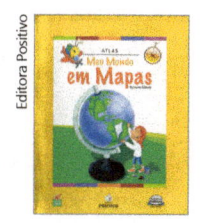

▶ **Atlas – Meu mundo em mapas**, de Roberto Filizola. Curitiba: Editora Positivo, 2013.

O personagem Geoclésio comanda uma viagem pelo mundo dos mapas e nos ajuda a entender aspectos básicos da Cartografia.

▶ **Meu 1º atlas**. Rio de Janeiro: IBGE, 2012.

Com Júlia e Bebeto, você aprenderá a ler mapas e saberá como eles são feitos.

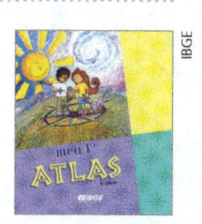

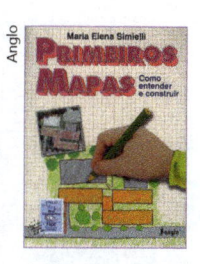

▶ **Primeiros mapas – Como entender e construir**, de Maria Elena Simielli. São Paulo: Editora Ática, 1998.

Traz atividades para a compreensão dos conceitos básicos de orientação e representação cartográfica.

▶ **Atlas geográfico ilustrado**, de Graça Maria Lemos Ferreira e Marcelo Martinelli. São Paulo: Moderna, 1998.

Com esse atlas, você aprenderá mais Cartografia por meio de legendas, símbolos, coordenadas e escalas.

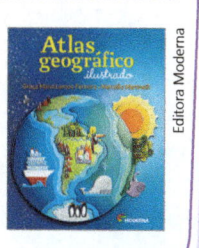

Filme

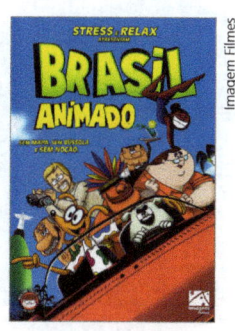

▶ **Brasil animado**. Direção de Mariana Caltabiano. Brasil: Imagem Filmes, 2011.

Dois amigos viajam pelo Brasil à procura do jequitibá-rosa. O filme mostra a grande diversidade das paisagens e da cultura brasileira.

Sites

▶ **Encaixa estados:** <http://jogoseducativos.hvirtua.com.br/encaixa-estados/>. Quebra-cabeça com a localização dos estados brasileiros.

▶ **A rosa dos ventos:** <www.sogeografia.com.br/Jogos/rosaventos.html>. Nesse *site* você encontra um jogo divertido sobre a rosa dos ventos.

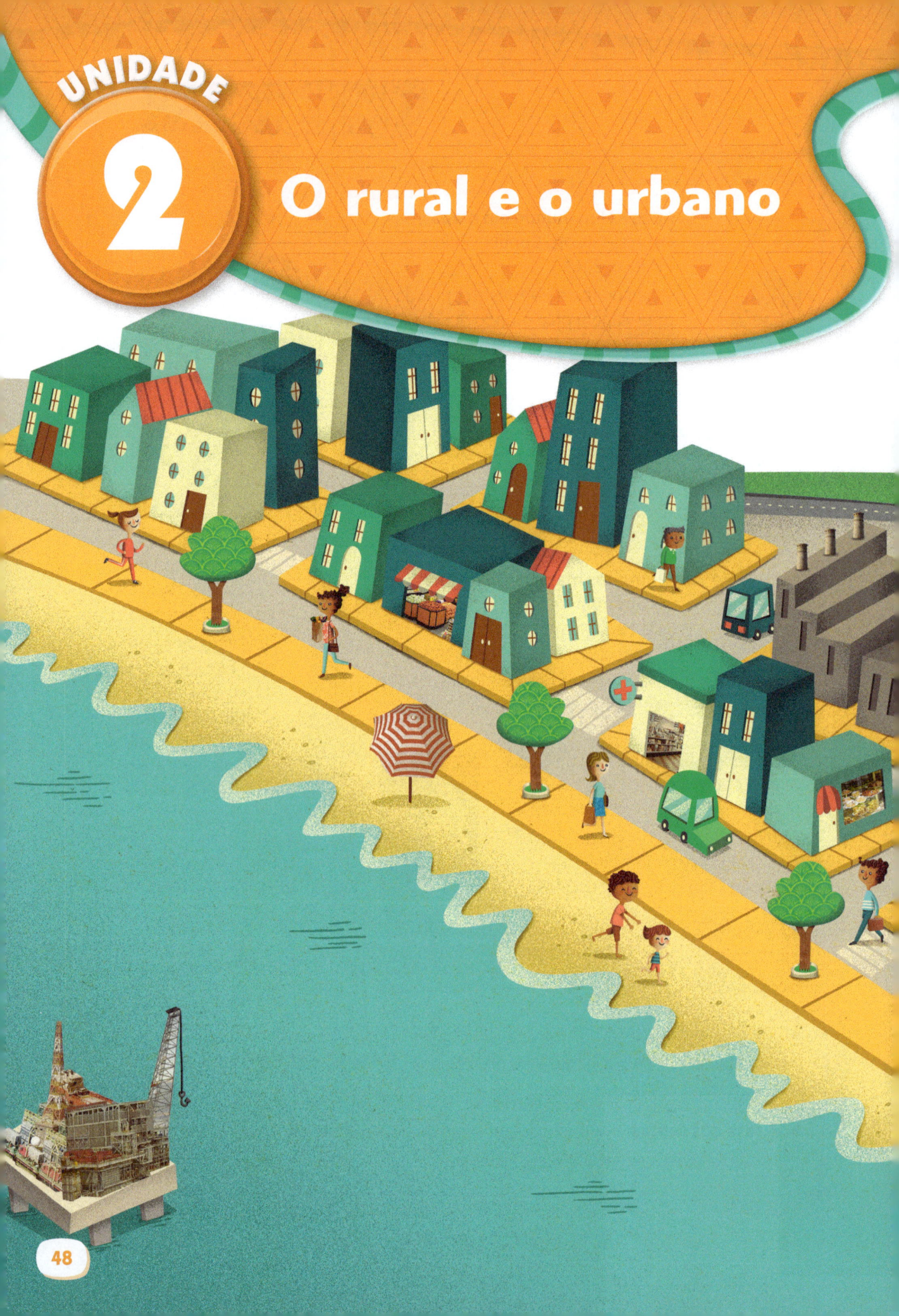

UNIDADE 2

O rural e o urbano

- O que está representado na imagem?
- No lugar em que você vive existem elementos como os representados na imagem? Quais?
- Que diferenças você observa entre os espaços indicados?

Bruna Assis

CAPÍTULO 1

Paisagens do município

Completando o espaço

Você já aprendeu que as paisagens têm diversos elementos e que eles podem caracterizar um espaço urbano ou rural. Na ilustração a seguir estão destacados elementos desses dois espaços. Observe que a imagem mostra espaços a serem completados. Complete-a desenhando.

As divisões do país

Como estudamos, o Brasil é um dos maiores países do mundo em relação à área territorial.

Para facilitar a administração, o Brasil foi dividido em áreas menores: 26 estados e um Distrito Federal, considerados como unidades (partes) do país.

Os estados também têm uma divisão: são os municípios, as unidades políticas e administrativas de um estado. Observe no mapa um dos estados brasileiros e sua divisão em municípios.

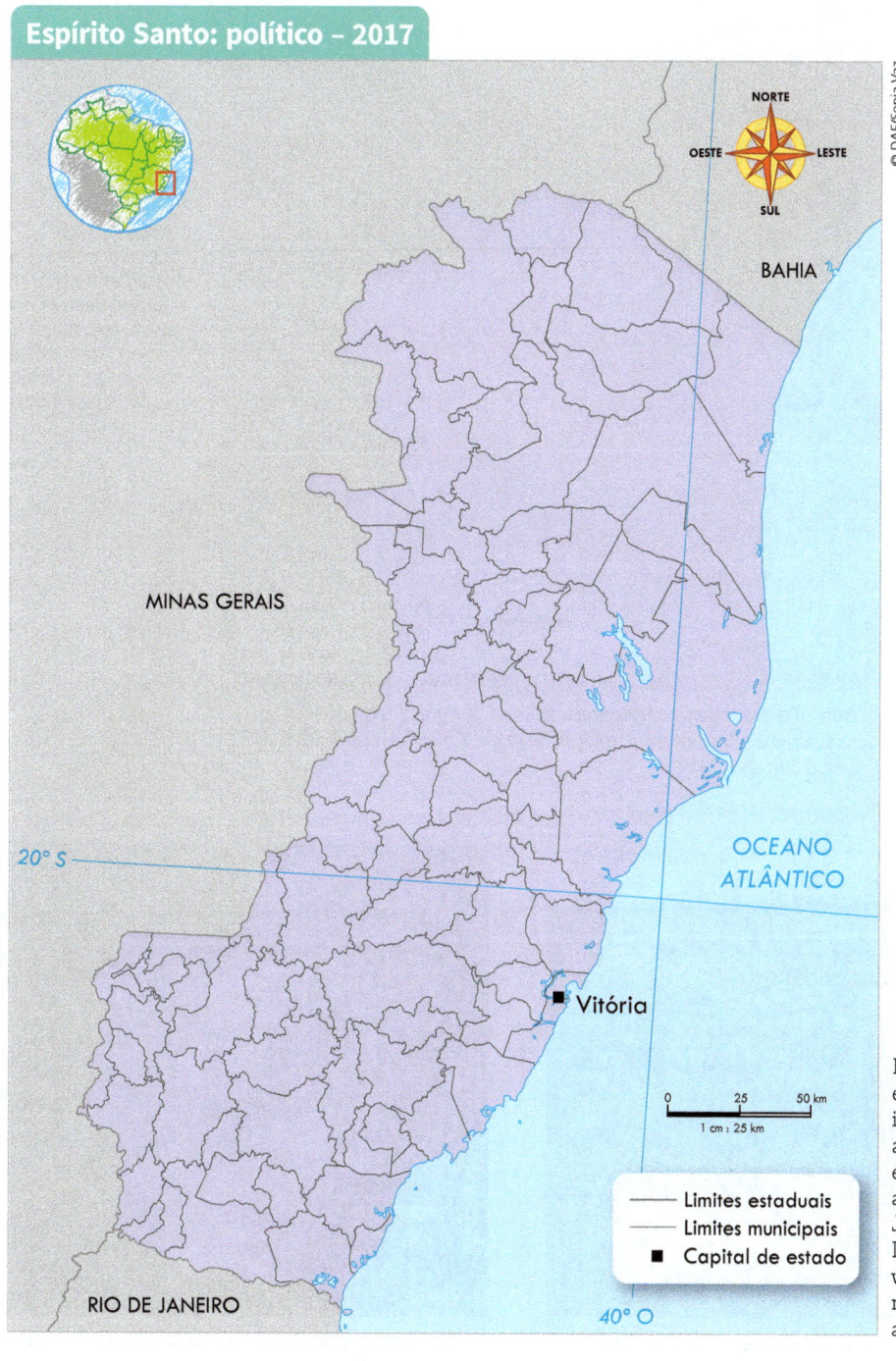

Espírito Santo: político – 2017

Fonte: IBGE. Disponível em: <https://mapas.ibge.gov.br/politico-administrativo/estaduais>. Acesso em: abr. 2019; Instituto Jones dos Santos Neves. Disponível em: <http://www.ijsn.es.gov.br/mapas/>. Acesso em: abr. 2019.

Você sabia que o município onde mora é um dos mais de 5 mil que existem no Brasil?

Normalmente os municípios têm um espaço rural e um urbano. Observe o mapa e as fotografias a seguir. Compare as áreas representadas, considerando a presença e organização de elementos construídos pelos seres humanos, bem como as atividades realizadas.

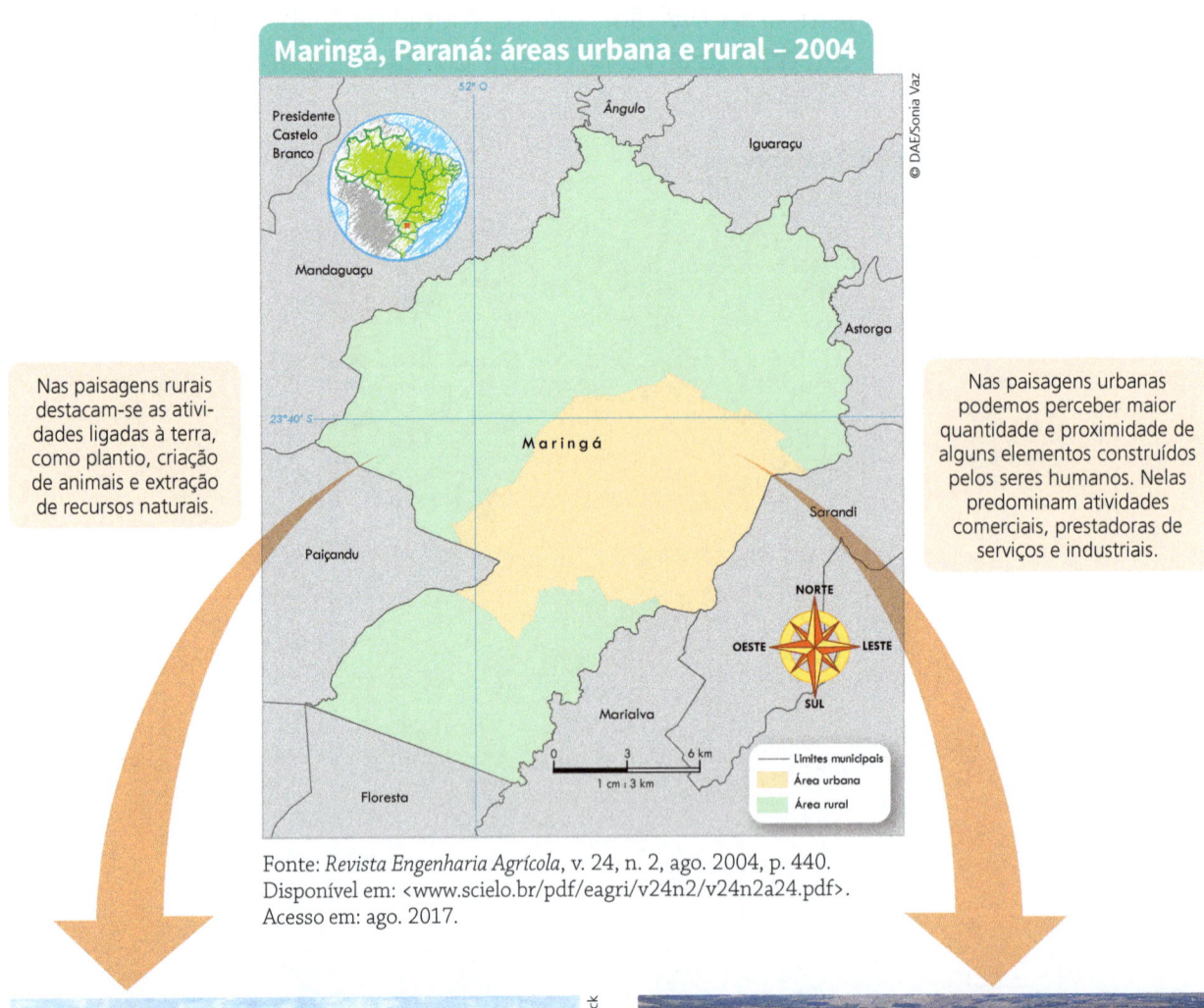

Maringá, Paraná: áreas urbana e rural – 2004

Fonte: *Revista Engenharia Agrícola*, v. 24, n. 2, ago. 2004, p. 440.
Disponível em: <www.scielo.br/pdf/eagri/v24n2/v24n2a24.pdf>.
Acesso em: ago. 2017.

Nas paisagens rurais destacam-se as atividades ligadas à terra, como plantio, criação de animais e extração de recursos naturais.

Nas paisagens urbanas podemos perceber maior quantidade e proximidade de alguns elementos construídos pelos seres humanos. Nelas predominam atividades comerciais, prestadoras de serviços e industriais.

▶ Área rural do município de Maringá, Paraná, 2014.

▶ Área urbana do município de Maringá, Paraná, 2014.

Cartografar

1 Observe o mapa de um dos estados brasileiros e faça o que se pede.

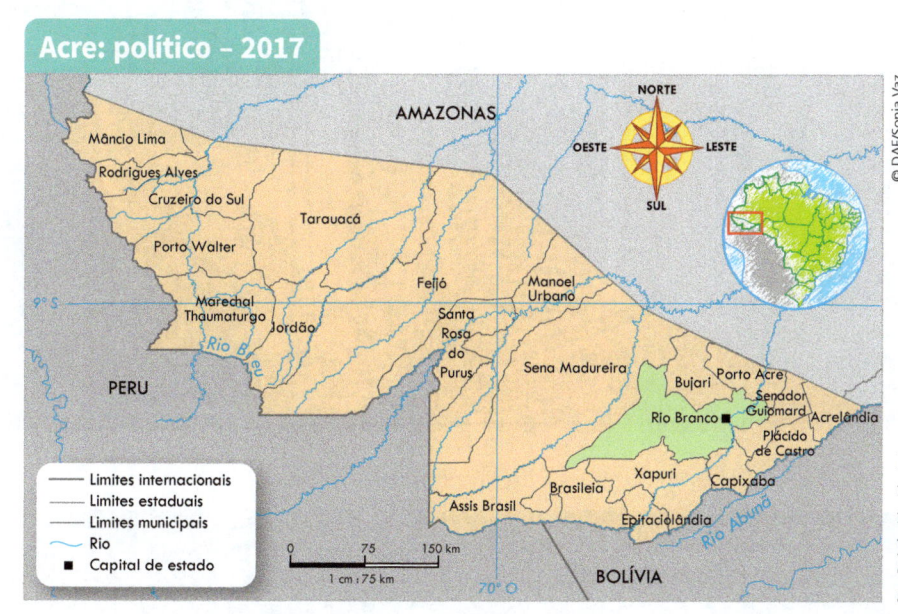

Acre: político – 2017

Fonte: IBGE. Disponível em: <https://mapas.ibge.gov.br/politico-administrativo/estaduais>. Acesso em: abr. 2019.

a) Qual é o nome do município destacado no mapa? Em que estado ele se localiza?

_____

b) O estado representado está dividido em quantos municípios?

_____

c) Considerando o município destacado, escreva o nome de um município que faça limite com ele e que se localiza:

- ao norte dele;
- ao leste dele;

_____ _____

- ao sul dele;
- ao oeste dele.

_____ _____

d) Considerando a legenda do mapa, isto é, os textos explicativos para os símbolos, pontos ou traços utilizados nele, responda:

- Como a capital do estado foi representada? Qual é a capital de seu estado?

_____

Atividades

1 Observe as fotografias. Qual delas apresenta uma paisagem urbana? E qual mostra uma paisagem rural? Como é possível distingui-las?

▶ Salvador, Bahia, 2015.

▶ São Sebastião do Anta, Minas Gerais, 2015.

_____

_____

_____

2 Que atividades são geralmente realizadas no espaço:

a) rural do município?

_____

b) urbano do município?

_____

3 Utilize o banco de palavras para completar as frases a seguir.

> municípios   estados   limites

O Brasil está dividido em _____. Os _____ correspondem às menores unidades administrativas do país. Os _____ marcam a separação entre esses espaços.

4 Localize e pinte no mapa o estado onde você mora.

Brasil: político

Fonte: *Atlas geográfico escolar*. 7. ed. Rio de Janeiro: IBGE. 2016. p. 90.

5 Em qual município você mora?

_____

6 Pesquise quantos municípios há no estado em que você mora e escreva o nome de cinco deles.

_____

_____

CAPÍTULO 2 — O trabalho no campo

A culinária e o campo

É imensa a contribuição dos negros africanos para a cultura brasileira. É possível perceber a influência afro-brasileira até mesmo em nossa comida! Veja a seguir a receita de um prato de nossa culinária que se originou em Angola.

Quibebe com carne-seca

Ingredientes

- 250 g de carne-seca limpa;
- 1 colher (sopa) de óleo de soja;
- 1/2 cebola pequena picada;
- 500 g de abóbora seca, sem casca, cortada em cubos;
- sal a gosto;
- coentro a gosto.

Modo de preparo

1. Coloque a carne-seca em uma panela de pressão, cubra com água e deixe cozinhar por 30 minutos após o início da fervura. Escorra e desfie a carne.
2. Em uma panela média, coloque o óleo e leve ao fogo alto para aquecer.
3. Junte a cebola e refogue por 3 minutos ou até dourar.
4. Acrescente a carne-seca e frite por 1 minuto.
5. Adicione a abóbora e deixe cozinhar em fogo baixo, com a panela tampada, por 15 minutos, regando de vez em quando com água, até a abóbora ficar macia.
6. Adicione o sal e o coentro a gosto.
7. Retire do fogo e sirva em seguida.

Cícero Viegas/Isuzu Imagens

1. No caderno, faça uma tabela e separe os ingredientes desta receita em duas categorias: os de origem animal e os de origem vegetal.

2. Sua família costuma consumir algum alimento produzido em algum país africano ou em qualquer outro país que não seja o Brasil? Conte aos colegas.

Agricultura e pecuária

No exercício da página anterior, você conheceu uma receita cuja maioria dos ingredientes tem sua origem, em geral, no campo. Esses produtos são originários de duas atividades econômicas que se desenvolvem no espaço rural: a agricultura e a pecuária.

Agricultura é a atividade de cultivar a terra. Faz parte do trabalho do agricultor: preparar o terreno, semear, cuidar da plantação e colher os produtos que servirão tanto de alimento para as pessoas quanto de **matéria-prima** para as indústrias.

> **Glossário**
> **Matéria-prima:** material utilizado na fabricação de outro produto.

A agricultura pode ser realizada em pequenas propriedades com o cultivo de vários produtos (policultura). Normalmente são as próprias pessoas da família que trabalham. O que é produzido serve para o próprio sustento, e o que sobra é vendido.

A agricultura também pode ser realizada em grandes propriedades e utilizar máquinas e equipamentos. Nessas propriedades cultiva-se normalmente um único produto (monocultura). O trabalho é realizado por pessoas contratadas em épocas específicas da produção, principalmente na etapa da colheita.

Observe e compare as diferentes paisagens rurais das fotografias.

▶ Agricultor trabalha em canteiros de verduras orgânicas. Pancas, Espírito Santo, 2015.

▶ Colheita de soja. Cambé, Paraná, 2017.

Pecuária é a atividade de criação de gado bovino (bois e vacas), suíno (porcos), ovino (ovelhas e carneiros), caprino (cabras e bodes), equino (cavalos e éguas), bubalino (búfalos) e asininos (asnos e jegues). Esses animais são usados na produção de alimentos (carne e leite), no fornecimento de matéria-prima às indústrias e como meio de transporte de pessoas e mercadorias. Os animais podem ser criados soltos ou presos.

▶ Criação de gado solto. Barrolândia, Tocantins, 2015.

▶ Criação de suínos confinados. Tunápolis, Santa Catarina, 2015.

Existem também outros tipos de criação: de abelhas (apicultura), aves (avicultura), bicho-da-seda (sericicultura), peixes (piscicultura), rãs (ranicultura) e coelhos (cunicultura).

Para manter o rebanho sadio é necessário possuir bons pastos, fornecer uma alimentação adequada aos animais, aplicar vacinas e dar assistência veterinária.

▶ Criação de casulos do bicho-da-seda. Londrina, Paraná, 2009.

▶ Criação de galinhas. Eunápolis, Bahia, 2009.

Atividades

1 Observe a imagem e escreva quais produtos são originários da agricultura e quais são originários da pecuária.

2 Observe a sequência de imagens e utilize o banco de palavras para nomear as etapas da produção que foram representadas.

a) colheita   armazenagem   plantio

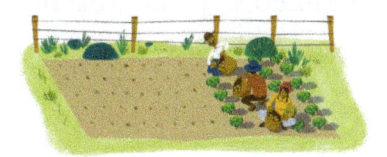

_____   _____   _____

b) venda   corte   pastagem

_____   _____   _____

59

Um pouco mais sobre

Trabalho rural

Em 2013, a Escola de Samba Unidos de Vila Isabel foi campeã do Desfile das Escolas de Samba do Rio de Janeiro com um samba-enredo que homenageava os trabalhadores rurais.

Leia um trecho da letra deste samba-enredo.

Água no feijão que chegou mais um
[...]
Caminho da roça e semear o grão...
Saciar a fome com a plantação
É a lida...
Arar e cultivar o solo
Ver brotar o velho sonho
Alimentar o mundo, bem viver
A emoção vai florescer
[...]

Martinho da Vila, Arlindo Cruz, André Diniz, Tunico da Vila e Leonel. *G1*, 22 jan. 2013. Disponível em: <http://g1.globo.com/rio-de-janeiro/carnaval/2013/noticia/2013/01/cante-o-samba-da-unidos-de-vila-isabel-2013.html>. Acesso em: abr. 2019.

1 Quais são as atividades realizadas pelo trabalhador rural citadas na letra da canção?

_____
_____
_____

2 O feijão, que dá título ao samba-enredo, é um prato típico da mesa dos brasileiros. Você costuma comer feijão? De que forma?

_____
_____
_____

Extrativismo

O extrativismo é a atividade humana mais antiga que existe. Observe as fotografias. No que essa atividade se diferencia do cultivo de plantas e da criação de animais?

▶ Indígena ikpeng pescando. Feliz Natal, Mato Grosso, 2016.

▶ Coleta de látex na Amazônia. Itacoatiara, Amazonas, 2013.

▶ Salina em Macau, Rio Grande do Norte, 2014.

A pesca é uma forma de **extrativismo animal** e, juntamente com a caça, é a mais antiga atividade praticada pelo ser humano.

Os primeiros seres humanos usavam a carne como alimento, a pele dos animais para fazer roupas e habitações e os ossos dos animais e as espinhas de peixes para fazer adornos e armas.

Nas áreas de florestas, principalmente, é praticado o **extrativismo vegetal**. Entre os principais produtos dessa atividade estão a madeira, frutos como as castanhas, raízes e o látex.

O **extrativismo mineral** fornece produtos que sofrerão transformações nas indústrias, como o ouro, a areia, o sal e o petróleo.

A maior parte dos produtos do extrativismo é usada como matéria-prima para a produção de outros artigos, desde um simples lápis até automóveis.

Glossário

Adorno: objeto que serve para enfeitar, embelezar.

Látex: líquido extraído do tronco da seringueira, utilizado para a fabricação da borracha natural.

Atividades

A imagem a seguir ilustra uma atividade extrativa. Observe-a e responda as atividades de 1 a 3.

▶ Lucia Buccini. *Pescadores*, 2007. Óleo sobre tela, 23 cm × 30,5 cm.

1 O que é extrativismo?

_____

_____

2 Que tipo de extrativismo está retratado na imagem?

_____

3 Que outros tipos de extrativismo existem? Exemplifique cada um deles.

_____

_____

_____

_____

Leia o texto e depois responda às questões de 4 a 6.

É extensa a lista de produtos criados a partir das riquezas da floresta. Muitos remédios, perfumes e cosméticos fabricados no Brasil e no mundo dependem, inicialmente, das matérias-primas encontradas na Amazônia [...].

As pessoas que vivem às margens dos rios da Amazônia sempre extraíram materiais que podem ter os mais variados usos e aplicações. [...]

[...]

Assim, os nativos realizam a **extração da castanha e do látex**, além da coleta do óleo de copaíba, que é muito utilizado para fabricar sabonetes, xampus, cremes e perfumes. Além disso, o **cultivo da mandioca** e a **pesca artesanal** são as **atividades da rotina que garantem a alimentação sustentável dos ribeirinhos**.

[...]

Comunidade ribeirinha se fortalece com extrativismo vegetal. *Ciclo Vivo*, 21 fev. 2013. Disponível em: <http://ciclovivo.com.br/noticia/comunidade-ribeirinha-se-fortalece-com-extrativismo-vegetal>. Acesso em: abr. 2019.

4 No texto são mencionados três tipos de atividades econômicas. Quais são elas? Quais exemplos de cada uma foram citados no texto?

_____

_____

5 De onde são extraídos os produtos citados no texto?

_____

6 Em que atividades é utilizada a maioria dos produtos extraídos? Cite alguns desses usos.

_____

_____

CAPÍTULO 3 — O trabalho na cidade

Comprar e vender

Você já deve ter visto folhetos de propaganda distribuídos em diversas lojas, açougues e supermercados. Vamos fazer uma atividade utilizando alguns deles.

1. Colete alguns desses encartes e traga para a escola.
2. Recorte as gravuras dos encartes e classifique-as de acordo com o produto: roupas e acessórios, alimentos, produtos de higiene, móveis e eletrodomésticos, calçados e bolsas, entre outras categorias que pode haver nos encartes.
3. Organize-se em grupo. Cada grupo ficará responsável por criar uma "loja" com os produtos selecionados. Deem um nome para a loja, exponham os produtos com os preços sugeridos. Agora é só comprar e vender as mercadorias!

1 Como é chamada a atividade de compra e venda de mercadorias?

2 Em sua opinião, o que é preciso observar quando se realiza uma compra?

Comércio e serviços

Na página anterior você simulou uma atividade comercial. **Comércio** é a atividade de compra e venda de diferentes produtos. Muitas pessoas trabalham no comércio em diversas funções, como vendedores, empacotadores e operadores de caixas.

As pessoas que compram as mercadorias são chamadas de consumidores.

A atividade comercial ocorre em diferentes locais – lojas de rua, *shoppings centers*, feiras livres –, além das vendas por catálogo e virtuais, isto é, pela internet.

E como a mercadoria chega até o local onde será vendida?

Ela precisa ser transportada por diferentes meios de transporte, como os caminhões. Os motoristas são responsáveis por levar as mercadorias das áreas rurais ou das indústrias para o comércio.

Há ainda outros profissionais que prestam serviços à população em diferentes áreas. Veja a seguir alguns exemplos.

- **Comunicação:** jornalistas, editores, funcionários dos Correios e de empresas de telefonia, entre outros.
- **Segurança:** policiais, bombeiros, seguranças particulares.
- **Educação e cultura:** trabalhadores das escolas, bibliotecas, dos teatros e cinemas.
- **Saúde:** médicos, enfermeiros, dentistas, técnicos de laboratório.
- **Limpeza:** garis e coletores de lixo.

▶ Feira livre. São Paulo, São Paulo, 2016.

▶ Caminhão transporta madeira. Paragominas, Pará, 2014.

▶ Repórter entrevista atleta nas Paralimpíadas de 2016, na cidade do Rio de Janeiro.

Atividades

1. Existe algum comércio perto de sua escola? Como ele é e o que vende?

2. Em uma relação comercial estão envolvidos os comerciantes e os consumidores. Na imagem a seguir, identifique os consumidores marcando um **X** no quadradinho da imagem correspondente a eles.

3. Identifique nas fotografias três profissionais que prestam serviço à população. Escreva nas linhas correspondentes o nome da profissão.

a) ▶ Lençóis, Bahia, 2014.

b) ▶ Teresina, Piauí, 2015.

c) ▶ São Paulo, São Paulo, 2016.

Muitas empresas usam a propaganda para anunciar seus produtos e serviços, com o objetivo de aumentar o volume de atividades comerciais. A propaganda é divulgada nos meios de comunicação para influenciar pessoas e induzi-las ao consumo. Observe o infográfico que apresenta dados relacionados ao consumo infantil e responda às questões de 4 a 6.

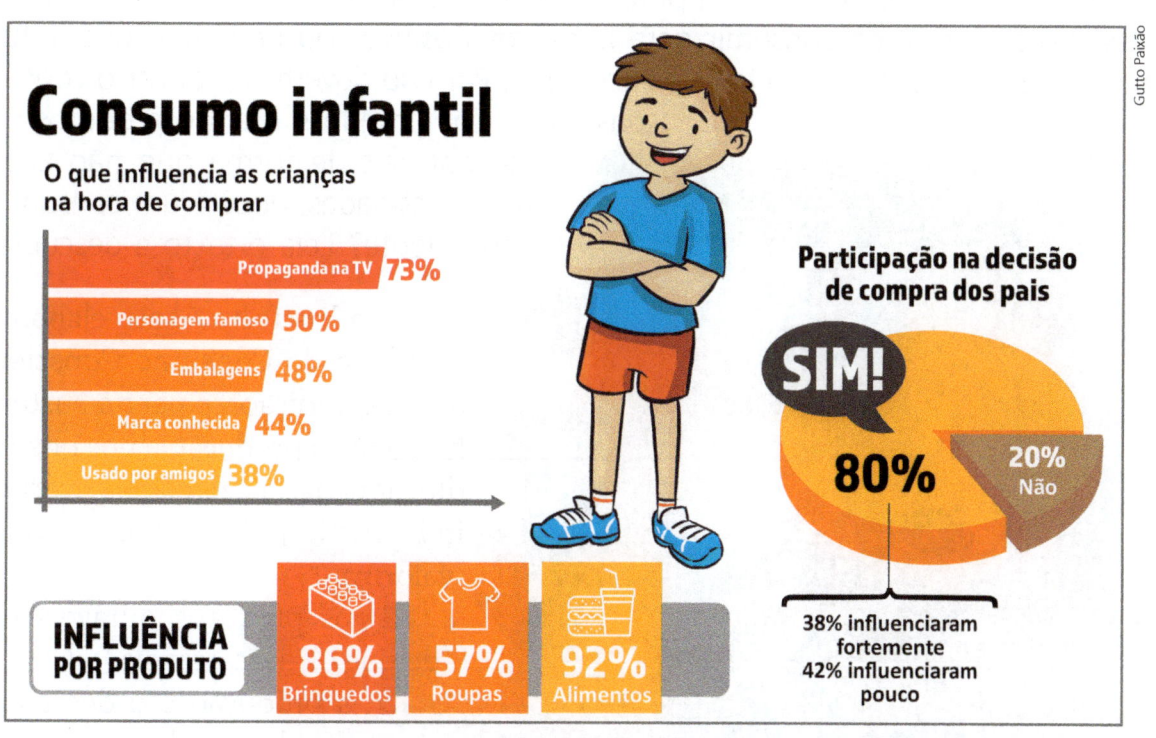

Consumo infantil

O que influencia as crianças na hora de comprar

- Propaganda na TV 73%
- Personagem famoso 50%
- Embalagens 48%
- Marca conhecida 44%
- Usado por amigos 38%

INFLUÊNCIA POR PRODUTO
- 86% Brinquedos
- 57% Roupas
- 92% Alimentos

Participação na decisão de compra dos pais

SIM! 80% — 20% Não

38% influenciaram fortemente
42% influenciaram pouco

Como atrair o consumidor infantil, atender expectativas dos pais e ainda ampliar as vendas. *Interscience: informação e tecnologia aplicada*, 2003. Disponível em: <http://criancaeconsumo.org.br/wp-content/uploads/2014/02/Doc-09-Interscience.pdf>. Acesso em: abr. 2019.

Gutto Paixão

4 De acordo com o infográfico, o que exerce maior influência sobre as crianças na hora de escolher um produto?

_____

5 A sua escolha, opinião ou desejo influenciam seus familiares ao realizarem uma compra?

_____
_____
_____

6 Pesquise propagandas variadas e analise de que forma elas induzem ao consumo. Considerando a influência da propaganda na hora da compra, proponha uma ação ambientalmente correta para motivar as pessoas a adotar o consumo consciente. Junto com a turma, elabore cartazes sobre o tema.

Um pouco mais sobre

Consumo consciente

Cada vez que compramos um produto ou utilizamos um serviço somos consumidores. Nossa forma de consumir gera impactos positivos ou negativos que influenciam nosso bem-estar e o de toda a sociedade. Por isso devemos praticar o consumo consciente, comprando e usando produtos e recursos naturais de forma que não exceda as necessidades. Você é um consumidor consciente? Leia o texto e descubra.

[...] o Instituto Akatu elaborou o Decálogo do Consumo Consciente. São dez indicações para a sustentabilidade na produção e no consumo, direcionadas a cidadãos, governos e indústria [...]. Veja o que o Decálogo valoriza:

1. os produtos duráveis mais do que os descartáveis [...]
2. a produção e o desenvolvimento local mais do que a produção global;
3. o uso compartilhado de produtos mais do que a posse e o uso individual;
4. a produção, os produtos e os serviços social e ambientalmente mais sustentáveis;
5. as opções virtuais mais do que as opções materiais;
6. o não desperdício dos alimentos e produtos, promovendo o seu aproveitamento integral e o prolongamento da sua vida útil;
7. a satisfação pelo uso dos produtos e não pela compra em excesso;
8. produtos e escolhas mais saudáveis;
9. as emoções, as ideias e as experiências mais do que os produtos materiais, e
10. a cooperação mais do que a competição.

Marina Franco. 10 caminhos para o consumo consciente. *Planeta Sustentável*, maio 2012. Disponível em: <https://exame.abril.com.br/mundo/10-caminhos-para-o-consumo-consciente/>. Acesso em: abr. 2019.

1 Quais dessas indicações você pratica?

2 Em sua moradia é praticado o consumo consciente?

Indústria e transformação de produtos

As roupas que usamos, os eletrodomésticos que temos em casa, os veículos que nos trazem para a escola, nosso material escolar – tudo isso foi comprado em diferentes lojas. Mas como e onde eles foram fabricados?

As indústrias são locais onde se produzem muitos artigos e bens usados no dia a dia. Para produzi-los são necessários trabalhadores (operários), máquinas e a matéria-prima, que pode ser originária da agricultura, da pecuária ou do extrativismo.

Na atividade industrial sempre ocorre uma transformação da matéria-prima, resultando em outro produto.

Observe nas ilustrações a seguir exemplos de transformação da matéria-prima em produto industrializado.

Primeiro, a árvore é derrubada e a madeira, cortada em toras.

Essas toras são transportadas das florestas até a fábrica.

Na fábrica, as toras passam por diversos processos industriais até se transformarem em papel e, então, cadernos.

Os cadernos prontos vão para as papelarias e lojas a fim de serem comercializados.

Ilustrações: Gutto Paixão

O látex é extraído das árvores seringueiras.

Depois, é transportado até as indústrias.

Na indústria, o látex é manipulado e se transforma em diversos produtos.

Um desses produtos industrializados é a borracha que usamos para apagar o lápis.

Tipos de indústria

A maior parte das indústrias localiza-se nas áreas urbanas, em locais que oferecem acesso à rede elétrica, ao abastecimento de água e às vias de circulação por onde possam ser transportados a matéria-prima e os produtos industrializados destinados ao mercado consumidor.

Nas áreas rurais também existem indústrias, chamadas de **agroindústrias**. Elas se localizam próximas às áreas de produção da matéria-prima, que pode vir da agricultura ou da pecuária. Um exemplo são as usinas de álcool e açúcar que se instalam nas regiões onde há grandes plantações de cana-de-açúcar.

▶ Indústria exportadora de mangas. Casa Nova, Bahia, 2019.

▶ Usina de cana-de-açúcar. Pedro Afonso, Tocantins, 2017.

Existem diferentes tipos de indústria. Algumas fabricam produtos que serão consumidos diretamente pela população, como alimentos, móveis, remédios, automóveis, eletrodomésticos, brinquedos etc.

Outras fabricam produtos e máquinas que serão utilizados por outras indústrias, como as que fazem ferramentas, peças de computador, combustíveis etc.

▶ Indústria que fabrica peças para porta de elevadores. Londrina, Paraná, 2016.

▶ Indústria metalúrgica. Corumbá, Mato Grosso do Sul, 2017.

Um pouco mais sobre

Artesanato

Durante muito tempo a agricultura foi a principal atividade realizada pelo ser humano. Com a formação das cidades, apareceu o trabalho dos seleiros, alfaiates, marceneiros, ferreiros, entre outros, pois ainda não existiam fábricas com maquinários e operários para fazer esses produtos. Assim, a transformação da matéria-prima em produtos se dava por meio do trabalho manual, realizado com instrumentos muito simples, como facas, tesouras e agulhas. A produção artesanal era a forma utilizada para a obtenção desses itens. O artesão é o responsável por todas as etapas da produção. Hoje em dia os produtos artesanais são fonte de renda e ajudam na manutenção da cultura de muitos povos.

▶ Artesãos exibem peças de barro feitas por eles. União dos Palmares, Alagoas, 2015.

▶ Indígena da etnia huni kuin trança palha para fazer esteira. Aldeia Novo Segredo, em Jordão, Acre, 2016.

▶ Rendeira faz peça em renda filé. Maceió, Alagoas, 2015.

▶ Artesanato de capim dourado. Mateiros, Tocantins, 2015.

1 Em sua cidade há trabalhadores que se dedicam ao artesanato? O que produzem? Quais são suas condições de trabalho? Você e os colegas poderão convidar um artesão para ser entrevistado e falar sobre a atividade dele.

Atividades

1 As imagens a seguir representam as etapas da produção da geleia de morango industrializada, porém estão fora de ordem. Numere-as na ordem correta e depois responda às questões.

a) Qual foi a matéria-prima utilizada? _____

b) Qual é a origem da matéria-prima? _____

c) Além da matéria-prima, o que mais foi necessário para que surgisse o produto industrializado?

_____

2 Consulte o mapa da página 198 do **Caderno de cartografia** e responda:

a) Qual estado tem maior número de atividades industriais no Brasil?

_____

b) Que tipos de indústrias existem no estado onde você mora e o que elas produzem?

_____

_____

3 Escolha um produto industrializado que há em sua residência. Observe seu rótulo ou etiqueta e responda às questões.

a) Qual é a principal matéria-prima desse produto?

_____

b) Em qual município ele foi fabricado?

_____

c) O produto tem data de validade? Qual é?

_____

d) Qual é o preço do produto? Se não houver informações na embalagem, pergunte a quem o comprou.

_____

e) Qual é a utilidade desse produto?

_____

4 Algumas vezes as indústrias utilizam matérias-primas que não estão mais em seu estado natural, pois já sofreram transformação em outra indústria. Observe:

◆ Relacione as imagens identificando a matéria-prima básica, a matéria-prima que passou por industrialização e o novo produto que foi fabricado com a matéria-prima já industrializada.

_____

_____

CAPÍTULO 4

O vai e vem entre o campo e a cidade

Campo e cidade: espaços que se completam

Leia a história em quadrinhos. Observe que os personagens estão fazendo um passeio. Vamos completá-la? Desenhe no último quadrinho o que você acha que aconteceu depois que os alunos voltaram à sala de aula. Não se esqueça de fazer um balão de fala.

Quadrinho 1: Vai ser muito legal nossa excursão para o campo! Veremos áreas de plantio e de florestas.

Quadrinho 2: Vejam as lindas flores que colhi!

Quadrinho 3: Olhem esses galhos que eu encontrei! / Eu encontrei também algumas pedras! / Que legal! O que conseguimos fazer com tudo isso quando voltarmos à escola?

1. O que você percebeu em relação à presença e organização dos elementos em cada ambiente onde os alunos estiveram?

Transportando pessoas e mercadorias

Na história que você completou foi possível observar caminhos entre os diferentes locais visitados pelos personagens. Nós também utilizamos caminhos para nos deslocarmos entre os lugares.

Nos municípios existe um grande deslocamento de pessoas e mercadorias entre as áreas rurais e urbanas. Observe:

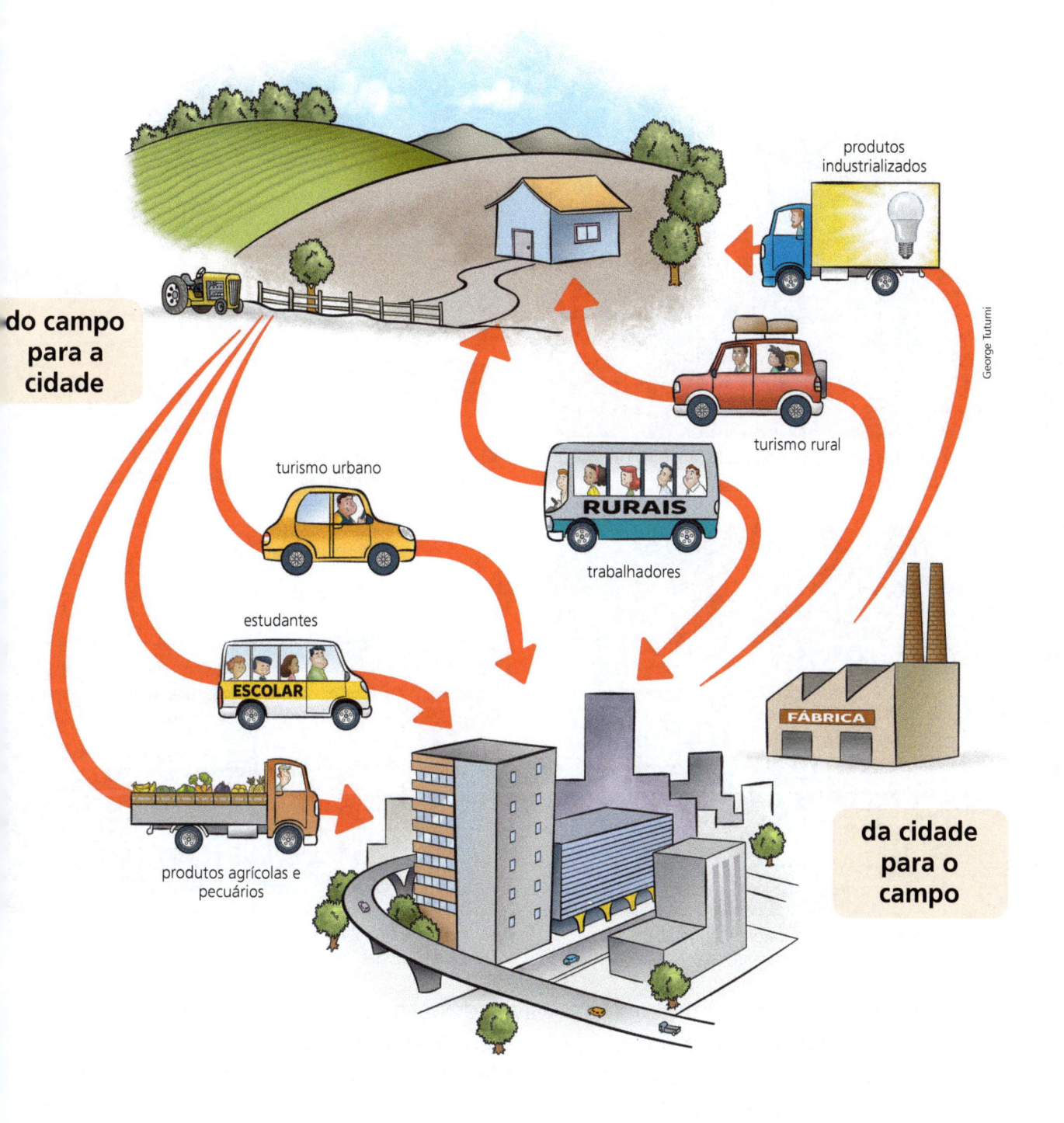

do campo para a cidade

da cidade para o campo

produtos industrializados

turismo rural

turismo urbano

trabalhadores

estudantes

produtos agrícolas e pecuários

George Tutumi

Todos os dias as áreas urbanas recebem das áreas rurais alimentos e matérias-primas utilizadas nas indústrias: a soja, o trigo, o leite, o couro, o algodão, os minérios e tantas outras.

Entretanto, o campo não produz tudo de que seus moradores necessitam para trabalhar e viver. Eles precisam de roupas, calçados, utensílios domésticos, além de equipamentos, máquinas e outros produtos industrializados. Muitos desses produtos são fabricados e vendidos nas cidades. Os moradores das áreas rurais também necessitam de serviços de atendimento médico, hospitais, universidades e serviços bancários, que estão localizados nas cidades.

▶ Colheita de feijão. Tatuí, São Paulo, 2016. O campo produz o feijão...

▶ ... que é utilizado na alimentação de pessoas da cidade. Criança almoçando. São Paulo, São Paulo, 2012.

▶ Linha de montagem de tratores. Curitiba, Paraná, 2015. A cidade produz as máquinas...

▶ ... que serão utilizadas no campo. Máquina agrícola. Porto Nacional, Tocantins, 2015.

O turismo rural também é uma das atividades econômicas não agrícolas da zona rural. Consiste na prestação de serviços que envolvem atividades de lazer. Essa atividade valoriza o ambiente e a diversidade cultural, e é uma alternativa para complementar a renda das famílias do campo.

Cartografar

1 Observe o mapa do município de Campo Grande, em Mato Grosso do Sul.

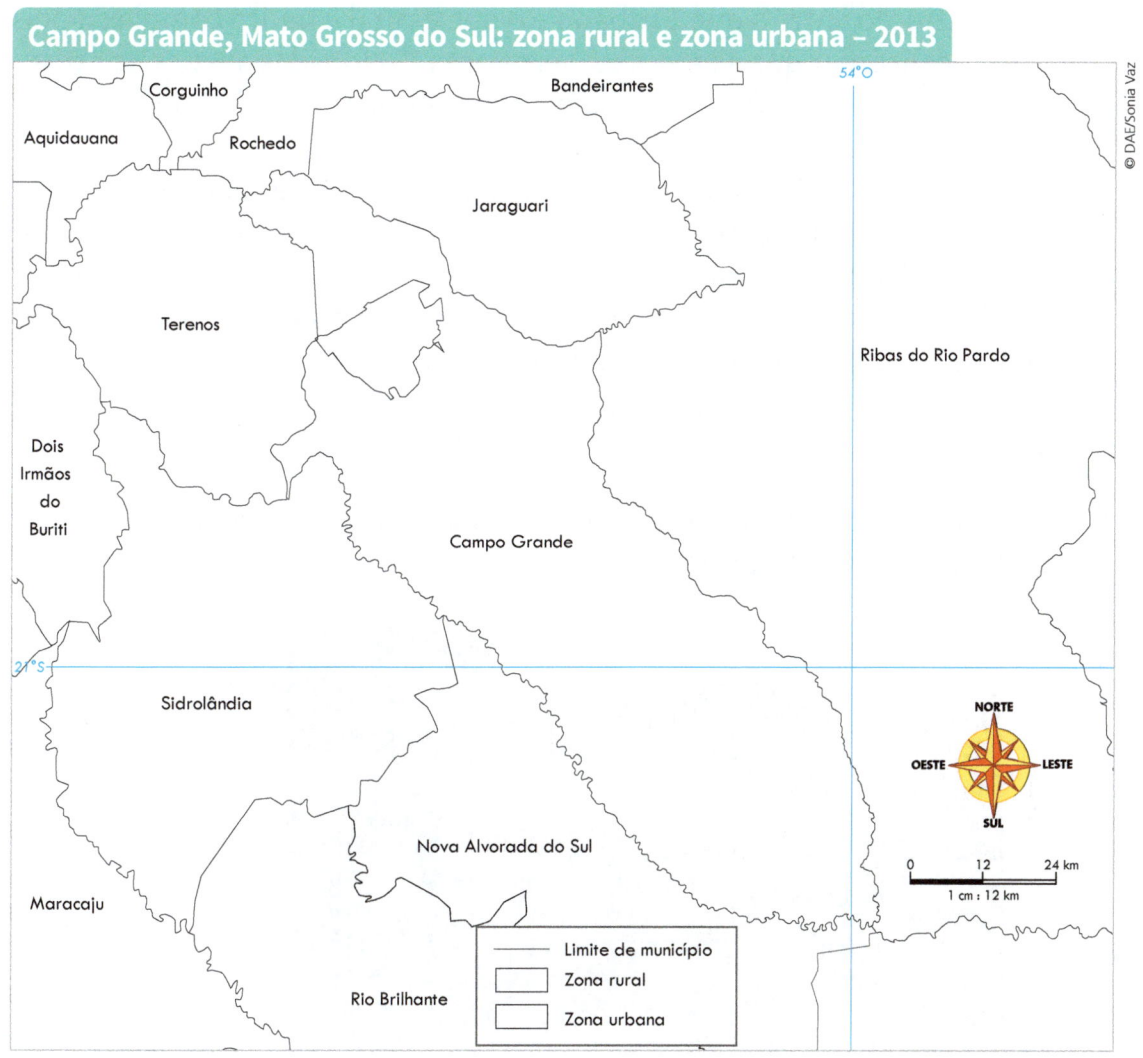

Campo Grande, Mato Grosso do Sul: zona rural e zona urbana – 2013

Fonte: Prefeitura Municipal de Campo Grande. Disponível em: <https://sites.google.com/view/sisgran-cg/mapas/mapas-tem%C3%A1ticos>. Acesso em: abr. 2019.

a) A área rural desse município é muito mais extensa que a área urbana. Com base nessa informação, pinte o município no mapa e complete a legenda dele.

b) Que município se localiza a oeste da área urbana de Campo Grande?

___

c) Considerando um deslocamento da área urbana na direção nordeste, chegaremos a qual município?

___

Um pouco mais sobre

Modos de vida

O texto a seguir cita alguns exemplos de mudança nos hábitos de pessoas que moram no campo e nos hábitos das que moram na cidade.

> A distinção entre o que é urbano e o que é rural é muito complexa, pois não se pode concordar que as áreas rurais sejam relacionadas apenas ao atraso e ao rústico e que as cidades contenham apenas os símbolos da modernidade e de atividades tipicamente consideradas urbanas.
>
> Hoje, o campo é dotado de vários serviços e atividades que, até pouco tempo atrás, eram exclusivos das cidades, como energia elétrica, conexões via satélite (como a TV a cabo e a internet) e a presença da própria indústria. Por sua vez, na cidade se fazem presentes o estilo *country* na moda, nas músicas sertanejas e em festas juninas e feiras agropecuárias. [...]

Rogério Gerolineto Fonseca e Joelma Cristina dos Santos. Disponível em: <www.uff.br/vsinga/trabalhos/Trabalhos%20Completos/Rog%E9rio%20Gerolineto%20Fonseca.pdf>. Acesso em: ago. 2017.

1 Observe as fotografias. Elas exemplificam situações mencionadas no texto? Por quê? Responda no caderno.

▶ Casas em Andaraí, Bahia, 2016.

▶ Colheita de hortaliças. Ribeirão Preto, São Paulo, 2014.

Atividades

Leia a letra da canção e depois faça o que se pede nas questões 1 e 2.

Uma coisa puxa outra

[...] Sem o braço do caboclo
Não existe produção
[...]
Nem arroz e nem feijão [...]
Sem auxílio da lavoura
Não vai nada pro fogão

Lourival dos Santos, Tião Carreiro e Cláudio Balestro. Uma coisa puxa outra. In: Daniel. *Meu reino encantado*. Rio de Janeiro: Chantecler; Warner Music, 2000. 1 CD. Faixa 11.

1 Que atividade rural foi citada na letra da canção? Justifique sua resposta.

_____

_____

2 Explique os versos "Sem auxílio da lavoura / não vai nada pro fogão".

_____

_____

Observe a tela e depois responda às questões de 3 a 6.

3 A tela apresenta uma paisagem rural ou urbana?

_____

4 Que tipo de atividade está representado na tela?

_____

5 Você conhece o produto cultivado? Já provou?

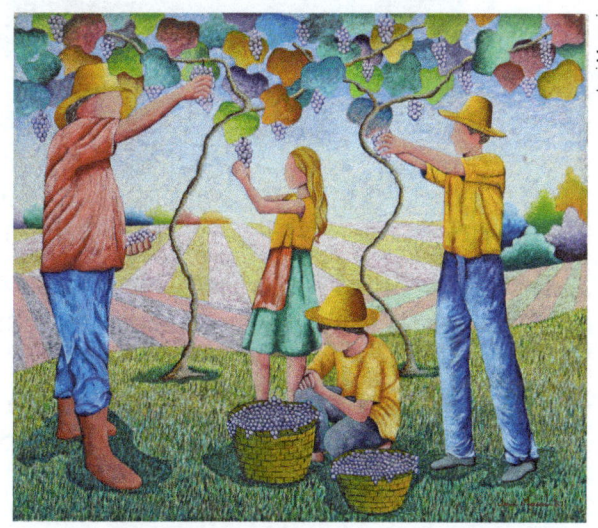

_____

▶ Jerci Maccari. *Colheita da Uva IV*, 2009. Acrílico sobre tela, 70 cm × 60 cm.

6 Na indústria, essa fruta pode ser utilizada como matéria-prima para quais produtos?

_____

#Digital

O IBGE

Você deve ter percebido que a fonte de algumas informações dos mapas e gráficos trabalhados no livro é o IBGE. Você conhece o IBGE?

O Instituto Brasileiro de Geografia e Estatística (IBGE) é um órgão público brasileiro que é responsável, entre outras coisas, por pesquisas relacionadas à economia e à população do país, como o Censo ou recenseamento demográfico. Muitas informações pesquisadas pelo IBGE estão disponíveis no *site* da instituição.

Que tal conhecer mais algumas características do campo e da cidade de seu município? Para isso, vamos acessar o endereço eletrônico do IBGE.

O primeiro passo é ter à disposição um computador ou dispositivo móvel com acesso à internet, como *tablet* ou *smartphone*.

- Abra um programa navegador da internet e, na barra de endereços *on-line*, digite "cidades.ibge.gov.br" e tecle ENTER.

Disponível em: https://cidades.ibge.gov.br. Acesso em 03 de outubro de 2017.

▶ Reprodução da página inicial do *site* Cidades@ do Instituto Brasileiro de Geografia e Estatística.

Na tela que abre, selecione ou escreva, na linha de busca, o nome de seu município. Você verá informações gerais sobre o município, como nome do prefeito, número de habitantes, localização e muitas outras. Aproveite para visualizar toda a página e explorar os recursos.

1 Após esse primeiro contato com o *site*, que informações sobre seu município você achou mais interessantes? Por quê?

_____
_____
_____
_____

Agora vamos explorar outras informações disponibilizadas no *site*. No lado esquerdo da tela, clique em "Pesquisas" e selecione temas que estão relacionados aos ambientes rural e urbano do município.

- Ao clicar no ícone "Frota", por exemplo, é possível observar a quantidade total de veículos (automóvel, caminhão, ônibus, trator) de seu município em determinado ano.
- Nas opções de menu "Pecuária", "Produção Agrícola Municipal – Lavoura Permanente" e "Produção Agrícola Municipal – Lavoura Temporária", você pode verificar as principais criações e os produtos agrícolas que mais se destacam em seu município em determinado ano.
- Clicando em "Serviços de saúde" você tem acesso à quantidade de estabelecimentos de saúde de que seu município dispõe.

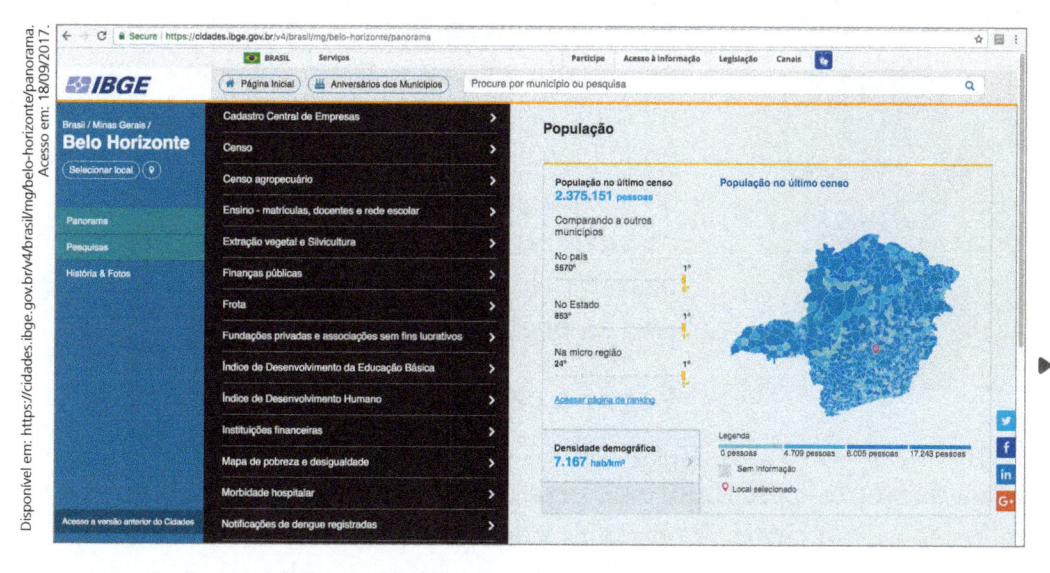

▶ Reprodução da página do *site* Cidades@ do Instituto Brasileiro de Geografia e Estatística.

2 Após as pesquisas realizadas, responda às questões.

a) Que informações disponíveis no *site* do IBGE são relacionadas principalmente ao ambiente urbano do município?

_____

_____

b) Que informações são relacionadas principalmente ao ambiente rural do município?

_____

_____

Hora da leitura

Espaço para brincar

No município, tanto na área urbana como na área rural, existem crianças. E onde há criança, também há brincadeira! Conheça a seguir alguns jogos infantis originários de países africanos.

Mamba (África do Sul)

Marque e estabeleça os limites. Todos devem permanecer dentro dos limites. Escolha um jogador para ser a mamba (cobra). A cobra corre ao redor da área marcada e tenta apanhar os outros. Quando um jogador é pego, ele segura sobre os ombros ou a cintura do jogador que representa a cobra e assim sucessivamente. Somente o primeiro jogador (a cabeça da serpente) pode pegar outras pessoas. Os outros jogadores do corpo podem ajudar não permitindo que os adversários passem, pois estes não podem passar pelo corpo da serpente. O último que não foi pego vence.

Pegue a cauda (Nigéria)

Os jogadores se dividem em equipes. Cada equipe forma uma fila segurando [o colega da frente] pelo ombro ou pela cintura. O último jogador coloca um lenço no bolso ou no cinto. A primeira pessoa da linha comanda a equipe na perseguição e tenta pegar a "cauda" da outra equipe. Ganha quem pegar mais lenços. Se for apenas duas equipes, ganha quem pegar primeiro.

Débora Alfaia da Cunha e Cláudio Lopes de Freitas. *Apostila de jogos infantis africanos e afro-brasileiros*, p. 2. Disponível em: <www.geledes.org.br/wp-content/uploads/2015/11/Apostila-Jogos-infantis-africanos-e-afro-brasileiros.pdf>. Acesso em: abr. 2019.

1 Você já conhecia alguma dessas brincadeiras? Combine com o professor e brinquem de **mamba** e de **pegue a cauda** no pátio da escola.

2 Essas brincadeiras africanas podem ser feitas tanto nos espaços urbanos quanto nos rurais? Qual é a diferença de brincar nesses espaços?

GEOGRAFIA em ação

Fotografando paisagens urbanas e rurais

A fotografia é uma das formas de registrar as paisagens que encontramos. Leia a seguir uma entrevista com o fotógrafo Caio, que viaja pelo mundo registrando belas imagens do campo e da cidade!

Quando surgiu a ideia de fazer fotografias de paisagens?

Quando estava na faculdade, cursando Geografia, usava todos os meus fins de semana, feriados e tempo livre para fazer caminhadas e explorar por conta própria destinos então pouco conhecidos do mapa de **ecoturismo** nacional. Fotografava por diversão as paisagens por onde passava e revelava os filmes em preto e branco na casa de um amigo que tinha laboratório. Um dia, ao contar sobre alguns destinos para um amigo jornalista recém-formado, fui chamado para escrever sobre esses destinos no caderno de turismo de um jornal. A partir daí iniciei uma era de duas décadas viajando, escrevendo e fotografando destinos turísticos menos conhecidos para jornais e revistas.

Qual é a maior dificuldade para tirar fotografia de paisagens?

Quanto mais se chega perto do objeto da fotografia, melhor será o resultado. Tentar sair do lugar-comum (sempre de pé, com a câmera no rosto) também ajuda. Criatividade, observação e aproximação são a chave aqui. O caminho para transmitir o que se quer.

Quanto mais remoto é o lugar alcançado, maior a exclusividade da imagem produzida. Uma dica é: quanto mais você se dispõe a caminhar, mais ângulos exclusivos alcançará.

> **Glossário**
>
> **Ecoturismo:** turismo que respeita e preserva o equilíbrio do meio ambiente e apoia a educação ambiental.

Você acha que seu trabalho pode contribuir para estudos geográficos e históricos de determinado local?

Sim! Certamente! O conjunto de meu trabalho hoje conta com imagens produzidas em mais de 100 países e em todos os estados brasileiros, incluindo várias regiões remotas e pouco visitadas. O trabalho (de fotografias e textos) já foi divulgado em várias publicações ligadas à Geografia, bem como em livros didáticos.

Caio Vilela é fotógrafo e escritor, colaborador de diversos veículos de mídia no Brasil e no exterior.

Revendo o que aprendi

Observe a fotografia e responda às questões de 1 a 5.

▶ Monte Belo, Minas Gerais, 2015.

1 Qual é o espaço geográfico retratado na fotografia?

_____

2 Em que estado se localiza esse município?

_____

3 Em que plano da imagem podemos observar o espaço urbano? Que característica nos possibilita identificar esse espaço?

_____

_____

4 Que atividade está representada no primeiro plano da imagem? Ela é característica do espaço rural ou do urbano?

_____

5 Há alguma semelhança entre as paisagens do lugar onde você vive e a da fotografia?

_____

_____

6 Observe a sequência de imagens a seguir.

a) Crie uma história para essas imagens no espaço abaixo.
b) Imagine que, ao voltar da cidade, o personagem trouxe um produto que não é comum no espaço rural. Que produto pode ser?

_____
_____
_____
_____
_____

Nesta unidade vimos

- O município corresponde à menor unidade administrativa existente em nosso país. Os municípios têm normalmente uma área urbana (sua sede) e uma área rural, com paisagens que se diferenciam quanto às atividades realizadas.

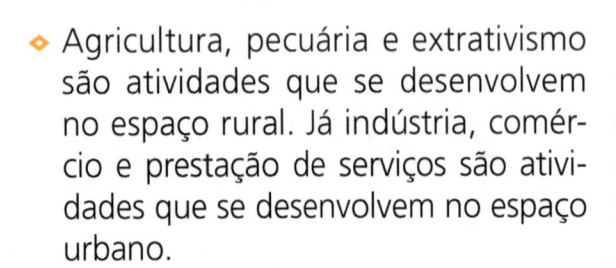

▶ Nas paisagens urbanas predominam os elementos culturais, como vimos na página 52.

- Agricultura, pecuária e extrativismo são atividades que se desenvolvem no espaço rural. Já indústria, comércio e prestação de serviços são atividades que se desenvolvem no espaço urbano.

▶ A agricultura e a pecuária fornecem matéria-prima para as indústrias, como estudamos na página 57.

- A cidade e o campo estão interligados por vias de transporte. Também são integrados pelas trocas de mercadorias e serviços e pelo vaivém de pessoas.

▶ Como vimos na página 76, campo e cidade são interdependentes.

Para finalizar, responda:

- Você vive na área urbana ou na área rural de seu município? Como chegou a esta conclusão?
- Escolha um produto industrializado que você consumiu hoje no café da manhã e responda: Qual é sua matéria-prima principal? Ela foi obtida da agricultura, da pecuária ou do extrativismo?

Para ir mais longe

Livros

▶ **Espaço urbano e espaço rural**, de Cosell Lenzi e Fanny Espírito Santo. Curitiba: Positivo, 2014.

Apresenta as semelhanças e diferenças entre a vida no meio urbano e no meio rural.

▶ **Do campo à mesa**, de Teddy Chu. São Paulo: Moderna, 2012.

O livro aborda o caminho que o alimento percorre desde sua produção até chegar à nossa mesa.

▶ **Amarelinho, amarelão!**, de Maria Goreth da Silva Magatão e Karen Sakuma Sato. São Paulo: Editora do Brasil, 2000.

Aborda questões referentes ao cultivo do milho e sua utilização.

▶ **Na horta**, **no jardim**, **no quintal**, de Murilo Andreas. Minas Gerais: Fino Traço, 2011.

Uma viagem pela rotina de personagens de diversos locais: uma horta, um jardim, um quintal.

Filme

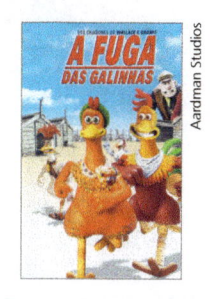

▶ **A fuga das galinhas**
Direção de Peter Lord e Nick Park. EUA: DreamWorks, 2000, 84 min.

Após frustradas tentativas de escapar de uma granja, as galinhas já haviam perdido as esperanças. Com a chegada de um galo voador, todos arquitetam um plano de fuga infalível.

Sites

▶ **Agrinho:** <www.agrinho.com.br>.

Site que apresenta histórias e jogos sobre cidadania, preservação do meio ambiente, saúde, consumo e ética.

▶ **Empresa Brasileira de Pesquisa Agropecuária (Embrapa):** <www.embrapa.br/contando-ciencia>.

Site que divulga, de maneira divertida e educativa, as pesquisas realizadas pela empresa e os conhecimentos gerais a respeito da agricultura no país.

UNIDADE 3
O espaço do município

- O que podemos identificar na imagem?
- Que ligações entre o espaço urbano e o rural você reconhece na imagem?
- Observe o movimento de pessoas e de mercadorias. Essas situações acontecem no espaço onde você vive?

CAPÍTULO 1
O transporte de mercadorias

Descobrindo os meios de transporte

Observe a ilustração. Quantos meios de transporte você consegue identificar? Pinte-os.

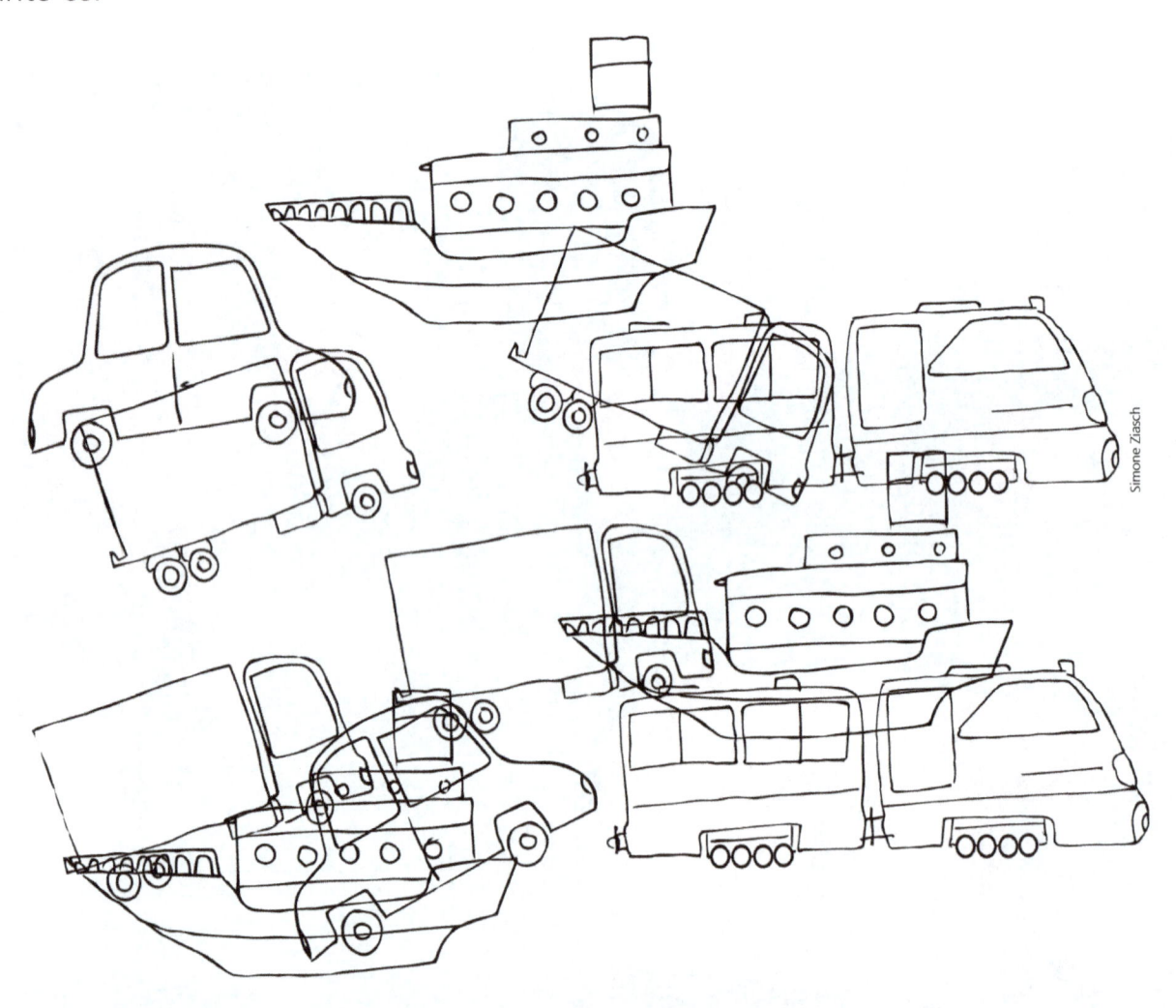

Simone Ziasch

1. Que meios de transporte você encontrou?

2. Você já utilizou algum dos os meios de transporte mostrados na imagem? Quais?

3. E no entorno de seu bairro? Qual meio de transporte você diria que é o mais utilizado?

Ligando cidade e campo

Todos os dias chegam ao espaço urbano grande quantidade de produtos feitos no espaço rural e vice-versa. Observe na ilustração alguns exemplos dessas trocas.

Nas trocas entre o espaço urbano e o espaço rural são utilizadas diversas vias e vários meios de transporte. Vamos conhecê-los?

Rodovias são vias para o transporte rodoviário de matéria-prima, produtos e pessoas. Elas podem ter pista simples ou dupla; veja a diferença entre os dois tipos nas fotografias.

▶ Rodovia de pista simples em Cassilândia, Mato Grosso do Sul, 2014.

▶ Rodovia de pista dupla em Santos Dumont, Minas Gerais, 2015.

O transporte ferroviário utiliza as vias férreas (sobre trilhos) para o transporte de matéria-prima e produtos em trens de carga e para o transporte urbano de passageiros.

▶ Trem de carga transportando minério de ferro. São Luís, Maranhão, 2014.

As vias do transporte hidroviário são os rios navegáveis, lagos e mares, por onde são transportados matéria-prima, produtos e passageiros.

▶ Barco transportando cana-de-açúcar na hidrovia Tietê-Paraná. Pederneiras, São Paulo, 2016.

No Brasil, as rodovias são as principais vias de transporte. Observe no gráfico ao lado uma comparação entre os diferentes sistemas de transporte em nosso país, incluindo o dutoviário, que é utilizado, principalmente, no transporte de gás natural e petróleo.

Brasil: transporte de carga (2013)

- Rodoviário: 61%
- Ferroviário: 21%
- Aquaviário: 13%
- Dutoviário: 4%
- Aéreo: 1%

Sistema de transporte

▶ O gráfico mostra que o sistema de transporte de carga mais utilizado no Brasil é o rodoviário.

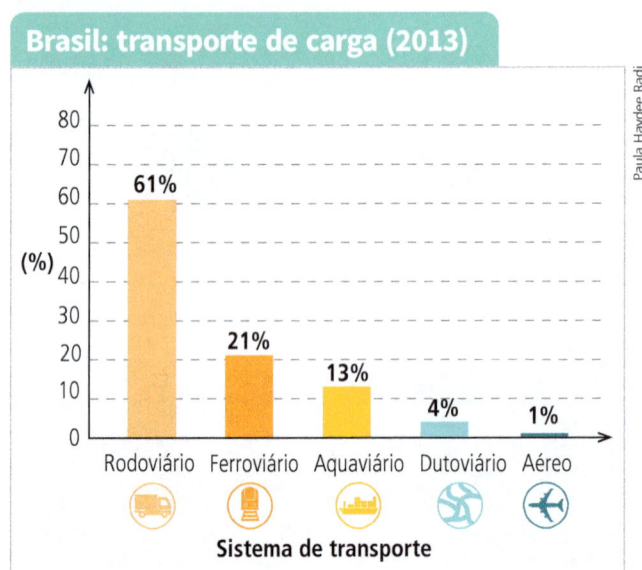

Fonte: CNT (2013). Disponível em: <www.aedb.br/seget/arquivos/artigos15/802267.pdf>. Acesso: abr. 2019.

Um pouco mais sobre

Sistemas de transporte

Vamos conhecer as vantagens e as desvantagens dos principais sistemas de transporte que realizam o vai e vem de mercadorias entre os municípios e estados de nosso país? Veja o quadro a seguir.

MEIO DE TRANSPORTE	VANTAGENS	DESVANTAGENS
Rodoviário	Consegue chegar a quase todos os locais do território brasileiro. Faz ligação entre os lugares pela facilidade de seguir as rotas.	Custo mais alto. Transporta menor volume de mercadorias. Pedágios e o preço do combustível encarecem o transporte.
Ferroviário	Meio de transporte adequado para cargas de grandes volumes e para percorrer longas distâncias.	Não tem a mesma flexibilidade de rota que o transporte rodoviário.
Marítimo	Transporta grande quantidade de mercadorias. Pode ser utilizado para percorrer grandes áreas.	Maior tempo de deslocamento.

1 Consulte o mapa ao lado, que indica os trajetos entre os pontos A e B, C e D: Que sistema de transporte seria mais adequado considerando cada trajeto e os produtos a serem transportados?

Transporte de mercadorias

Fonte: *Atlas geográfico escolar*. 7. ed. Rio de Janeiro: IBGE, 2016. p. 34.

a) Pontos A e B: _____.

b) Pontos C e D: _____.

Cartografar

1 Observe o mapa do Brasil e responda às questões.

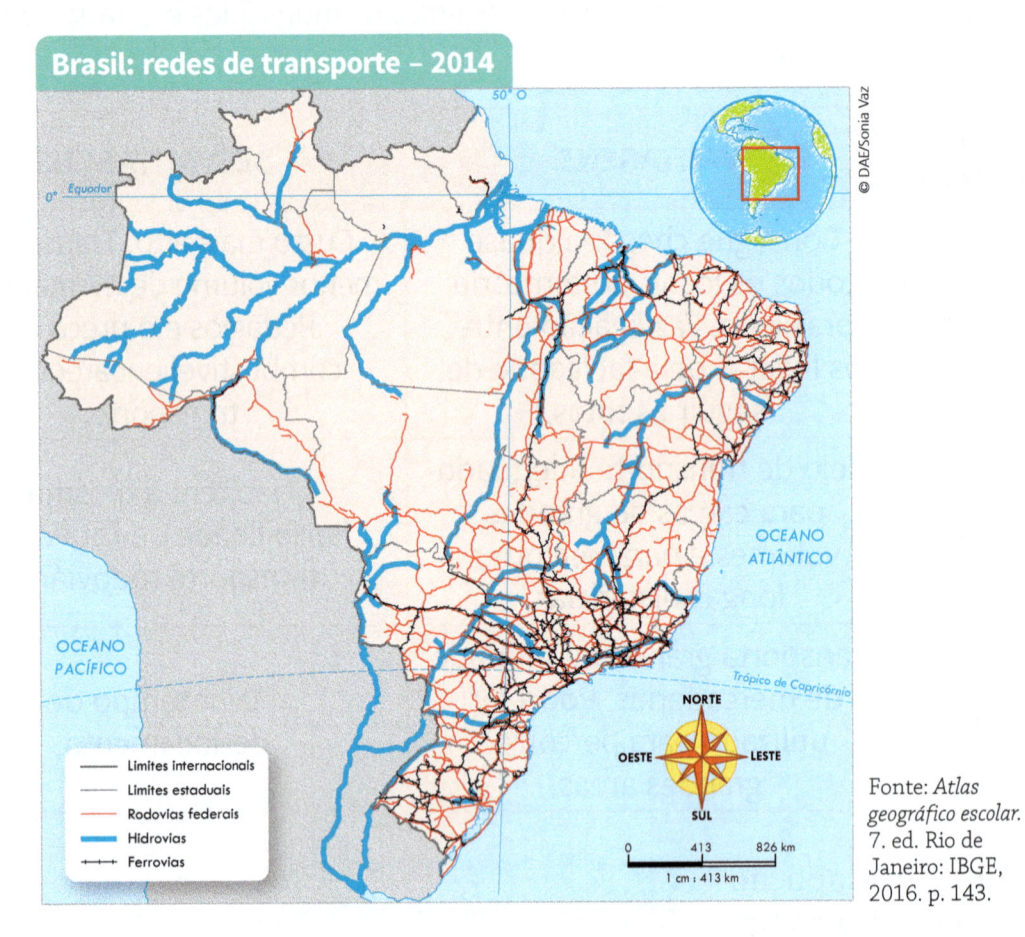

Brasil: redes de transporte – 2014

Fonte: *Atlas geográfico escolar.* 7. ed. Rio de Janeiro: IBGE, 2016. p. 143.

a) O que o mapa representa?

_____

b) A que ano se referem as informações mapeadas?

_____

c) De que forma foram representadas no mapa as principais vias de transporte do Brasil?

_____

_____

d) Assinale a rede de transporte mais extensa.

☐ rodoviária   ☐ ferroviária   ☐ hidroviária

94

Atividades

1 Observe as fotografias. O que elas revelam a respeito da situação de algumas rodovias de nosso país?

▶ Rodovia em Mucugê, Bahia, 2016.

▶ Rodovia Belém-Brasília, Tocantins, 2016.

_____

_____

_____

2 Leia o trecho de reportagem a seguir. Depois converse com os colegas e o professor a respeito dele.

Os desafios da mulher caminhoneira

É cada vez maior o número de mulheres que decidem ingressar em um mercado de trabalho tão masculinizado quanto o de ser caminhoneiro. A profissão não é mais nova para elas, afinal, conta a história que a primeira mulher caminhoneira no país foi Neiva Chaves Zelaya, lá nos anos 1950. Ela, inclusive, trabalhou na construção de Brasília, capital federal. De lá para cá, elas vêm conquistando o seu espaço e dominando caminhões de grande porte, como carretas, bitrens e até 'nove eixos'. [...]

Fernando Biesdorf. Os desafios da mulher caminhoneira. *Setcom*, 5 maio 2016. Disponível em: <www.setcom.org.br/noticias/detalhes/os-desafios-da-mulher-caminhoneira>. Acesso em: abr. 2019.

a) Por que o fato de uma mulher dirigir caminhões é considerado incomum?

b) Além desse exemplo, há outras profissões que antes eram exercidas apenas por profissionais homens e, atualmente, também são exercidas por mulheres. Cite alguns exemplos.

c) Converse com os colegas e o professor e registrem na lousa algumas sugestões ou formas para combater a discriminação de profissionais por questões de gênero.

CAPÍTULO 2
Entre o campo e a cidade

Completando a história

Leia o texto a seguir, que conta a história de dois ratinhos que eram primos. Um vivia no campo e o outro na cidade.

Rato do Campo e Rato da Cidade

De vez em quando o Rato do Campo suspirava:
– Ah! Quem me dera o sossego em que vive o meu primo na cidade... Comidinha certa, telhado seguro, calor no inverno, fresco no verão... Ele é que tem sorte!

De vez em quando o Rato da Cidade suspirava:
– Ah! Quem me dera a liberdade em que vive o meu primo no campo... Ar puro, horizontes largos, sem um gato a persegui-lo dia e noite... Ele é quem tem sorte!

Alice Vieira. *Rato do Campo e Rato da Cidade*. Lisboa: Caminho, 1992. p. 6-7.

1 Quem vai completar essa história é você! Imagine que os primos resolvem trocar de lugar: o Rato do Campo vai viver na cidade, e o Rato da Cidade segue para o campo. O que você acha que aconteceria? Que aspectos eles perceberiam em cada espaço? Escreva suas respostas no caderno.

O vai e vem de pessoas

O espaço rural e o espaço urbano não trocam apenas mercadorias. As pessoas também se movimentam entre esses dois espaços. Há ainda o movimento de pessoas entre diferentes municípios, estados e países.

A esse movimento de pessoas é dado o nome de **migração**.

Quando a migração ocorre dentro de um mesmo país é chamada de migração interna. Quando ocorre entre países diferentes é chamada de migração externa, e os migrantes recebem denominação diferente.

Chimamanda vem da Nigéria para trabalhar e morar no Brasil. Ela é imigrante.

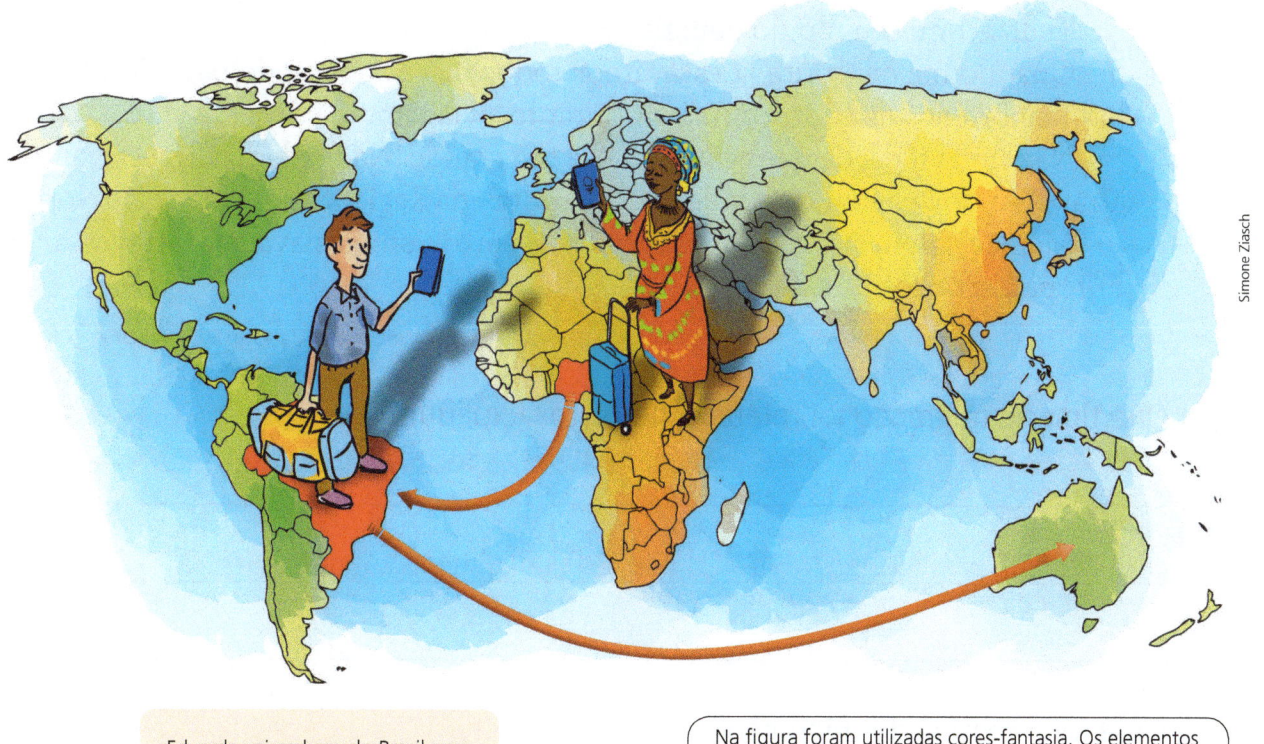

Eduardo vai embora do Brasil para morar na Austrália. Ele é emigrante.

Na figura foram utilizadas cores-fantasia. Os elementos não estão representados proporcionalmente entre si, e seu tamanho não corresponde ao tamanho real.

Muitos são os motivos que levam uma pessoa a migrar. Os mais comuns são a busca de trabalho e melhores condições de vida, e a fuga de regiões afetadas por conflitos e guerras. Questões ambientais, como graves secas, enchentes e destruição causadas por grandes tempestades ou tremores de terra (terremotos) são também motivos de migração.

O Brasil vive um novo movimento migratório. Por causa das dificuldades econômicas em vários países, que receberam, em décadas anteriores, imigrantes – inclusive daqui –, muitos brasileiros retornaram ao Brasil. Imigrantes também passaram a vir para cá à procura de melhores condições de vida.

Atividades

Leia o texto e responda às questões de 1 a 3.

> Minha família custou a tomar a decisão.
> Ir para a Amazônia, largando de vez a nossa terra no Sul, era uma coisa para se pensar com calma.
> Na verdade, a terra não era nossa. Era de um fazendeiro lá do Paraná.
> Meus pais e tios eram trabalhadores rurais empregados na fazenda.
> Na região de Califórnia tinha bastante mão de obra e pouco emprego. Muitas famílias, sem ter para onde ir, tentavam conseguir algum pedaço de terra. [...]
> O pessoal falou desse negócio de Amazônia – de terras em Rondônia para colonos do Sul.
> Tudo aconteceu rápido demais.
> Quando me dei conta já estávamos todos na estrada, indo para Rondônia. [...] Lembro dos dias intermináveis durante a viagem.
> Não tinha ideia de que o Brasil fosse tão grande. Na verdade, nós estávamos atravessando o país quase que de ponta a ponta – da Região Sul para a Região Norte.
> Mamãe falou que essa distância que percorremos dava pra atravessar a Europa, terra dos pais dela. [...]

Paula Saldanha. *Um sonho na Amazônia*. Rio de Janeiro: Ediouro, 1994. p. 6 e 8.

1 Que tipo de migração foi relatada no texto? Explique.

_____
_____
_____

2 Qual foi o motivo da migração?

_____
_____

3 De acordo com o último parágrafo, os avós da autora do texto são imigrantes ou emigrantes? Justifique sua resposta.

_____
_____
_____

4 Em sua sala de aula há colegas que fizeram algum tipo de migração? Quantos? De onde vieram? De outras regiões do país ou de outros países?

_____

_____

_____

5 Nos lugares onde convivemos e em nossa família podemos identificar alguns elementos da cultura de outros povos. Na sua escola ou na sua vizinhança há elementos que indicam a presença de diferentes povos? Você consegue identificar elementos de outras culturas, como brincadeiras, músicas, festas, construções, culinária, entre outros?

_____

_____

_____

6 Desenhe um elemento de sua casa, da escola ou da vizinhança que demonstre aspectos culturais de outros lugares.

CAPÍTULO 3
Quem vive no município

Fazendo uma releitura

Observe a pintura a seguir.

▶ Luciana Mariano. *Viva a diversidade do Brasil*, 2017. Acrílico sobre tela, 30 cm × 50 cm.

1. No quadro de Luciana Mariano há elementos parecidos com os do lugar onde você vive?

2. Explique a diversidade da população brasileira retratada na tela.

3. Faça, em grupo, uma composição visual que represente a diversidade que caracteriza os alunos de sua turma. Para isso, use desenhos ou colagens.

Quem somos?

Você pôde observar na página anterior que a artista Luciana Mariano representou aspectos da diversidade do povo brasileiro. Mas como foi formada a população de nosso município, estado e país?

É fácil encontrar em um mesmo local – como na sala de aula, por exemplo –, alunos e alunas com diferentes características físicas: diversos tons de pele, tipos e cores de cabelo, cores e formatos dos olhos e portes físicos. Essa diversidade é uma característica do povo brasileiro, resultado da miscigenação, isto é, da mistura de diferentes povos.

▶ Menina em Araruama, Rio de Janeiro, 2015.

▶ Menina indígena da etnia ikpeng em Feliz Natal, Mato Grosso, 2016.

▶ Menino em Curitiba, Paraná, 2016.

▶ Menino em São Paulo, São Paulo, 2010.

Assim, descendemos:
- dos diversos povos indígenas que habitavam o território antes da chegada dos colonizadores e dos conquistadores portugueses;
- dos cerca de 4 milhões de africanos que foram trazidos da África e escravizados no Brasil;
- dos europeus (portugueses, italianos, alemães, suíços, poloneses, espanhóis, ingleses) e dos asiáticos (japoneses, coreanos, sírios, turcos) que deixaram o país de origem e migraram para o Brasil em diversos períodos.

Indígenas e africanos

Na época da chegada dos primeiros portugueses, por volta de 1500, calcula-se que viviam espalhados pelo território que se tornaria o Brasil entre 3 e 5 milhões de indígenas. Atualmente, segundo o Censo 2010 do IBGE, há em nosso país 240 povos indígenas, com 896 917 pessoas, o que corresponde a aproximadamente 0,47% da população total do país. A maioria vive na zona rural.

Muitas são as heranças das diversas comunidades indígenas, entre elas hábitos (andar descalço, sentar de cócoras, tomar banho no rio, fazer cestaria, deitar em rede e cultivar mandioca, por exemplo); palavras de nosso vocabulário (arapuca, açaí, tamanduá, perereca etc.); lendas e mitos do folclore indígena que fazem parte de nossa cultura.

▶ Indígenas yawalapiti. Parque Indígena do Xingu, Mato Grosso, 2016.

▶ Indígenas aparai-wayana. Serra do Tumucumaque, Amapá, 2015.

Entre 1559 e 1850 foram trazidos do continente africano, contra a própria vontade, milhões de negros de diferentes grupos étnicos, com variadas culturas. Há muitas influências desses grupos na cultura brasileira: instrumentos musicais, como berimbau e cuíca; candomblé; capoeira; músicas e danças, como o samba e o maracatu; palavras, como cafuné, bafafá e fuxico. Na culinária, são exemplos o bobó e o acarajé.

A influência africana também é vista facilmente na moda, em estampas e acessórios.

▶ Grupo de negros escravizados em plantação de café. Vale do Paraíba, Rio de Janeiro, c. 1882.

▶ Desfile de moda inspirado na cultura africana. Salvador, Bahia, 2015.

Colonizadores e imigrantes

Os portugueses foram os colonizadores do Brasil. Deles herdamos a forma de organizar os povoados e as cidades, a língua portuguesa, o cristianismo e alguns festejos, como Natal e Festas Juninas.

Da Europa também vieram, a partir do século 19, muitos imigrantes de diferentes países. Mais tarde chegaram aqui também imigrantes asiáticos. Observe no mapa os principais países de origem deles.

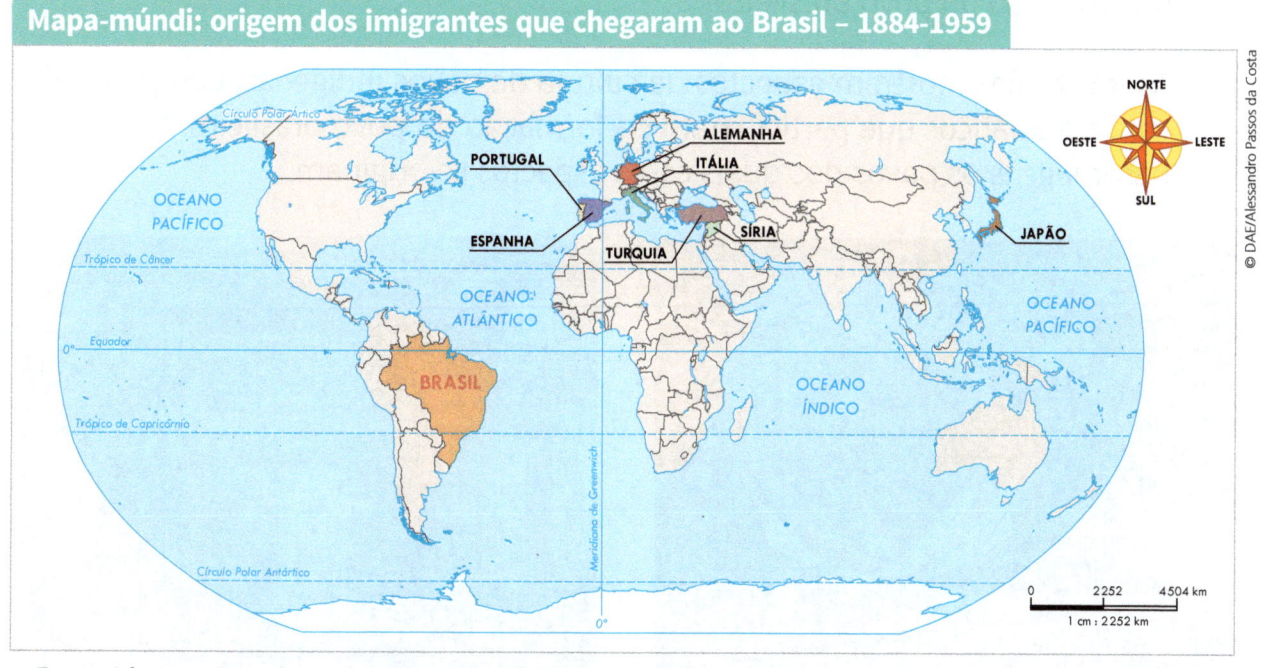

Mapa-múndi: origem dos imigrantes que chegaram ao Brasil – 1884-1959

Fontes: *Atlas geográfico escolar*. 7. ed. Rio de Janeiro: IBGE, 2016, p. 34; IBGE – Brasil 500 anos. Disponível em: <http://brasil500anos.ibge.gov.br/estatisticas-do-povoamento/imigracao-por-nacionalidade-1884-1933.html>;<http://brasil500anos.ibge.gov.br/estatisticas-do-povoamento/imigracao-por-nacionalidade-1945-1959.html>. Acesso em: abr. 2019.

Os imigrantes dedicaram-se a várias atividades econômicas, como agricultura, pecuária, comércio e atividades artesanais. Alguns estilos de arquitetura em nosso país são claramente típicos desses povos, como as casas construídas com a técnica enxaimel, de estilo alemão, e as casas com porão e sótão, como fazem os italianos.

▶ Imigrantes europeus no pátio central da Hospedaria dos Imigrantes de São Paulo, São Paulo, 1890.

Herdamos também dos diversos imigrantes costumes que passaram a fazer parte de nossa cultura, principalmente em relação à alimentação. Alguns pratos típicos alemães são: chucrute, broa de centeio e salsicha; de influência italiana temos polenta, *pizza* e vinho; de influência árabe, quibe, esfirra e pasta de berinjela; de influência japonesa: peixe cru e chás.

Atividades

1. Você sabe de quais povos descende? Se não souber, converse com seus familiares. Tente descobrir a origem de seus antepassados e conte para os colegas e o professor.

2. Que costumes de sua família foram originados de um dos povos que fazem parte da formação do povo brasileiro?

3. As fotografias mostram aspectos da cultura de povos indígenas, europeus, africanos e asiáticos que participaram da formação do povo brasileiro. Identifique nas imagens os povos dos quais esses aspectos se originam.

▶ Pousada em São José dos Campos, São Paulo, 2015.

▶ Templo budista em São Paulo, São Paulo, 2014.

▶ Roda de capoeira em Ruy Barbosa, Bahia, 2014.

▶ Construção em estilo enxaimel em Ibirama, Santa Catarina, 2013.

Comunidades indígenas e quilombolas

Nos municípios brasileiros podemos encontrar territórios indígenas e quilombolas. Vamos conhecer um pouco essas comunidades.

Indígenas

Os povos indígenas são os mais antigos ocupantes de nosso território e estão presentes em praticamente todos os estados brasileiros. A maior parte deles reside em terras indígenas, em diferentes comunidades.

As terras ou reservas indígenas geralmente são demarcadas pelo governo federal e não podem ser comercializadas. Nesses locais, a maioria dos indígenas está organizada em aldeias, vive de acordo com as características culturais do grupo e mantém seus usos, costumes e tradições. Veja o mapa da página 199 do **Caderno de cartografia**.

Os povos indígenas são muito diferentes entre si, embora haja traços comuns entre determinados grupos, como a língua falada.

A maneira de pensar, festejar, morar, alimentar-se e produzir constitui a cultura de um povo, que é transmitida de geração em geração. É fundamental respeitarmos a diversidade cultural de nosso país e reconhecermos o direito dos povos de manter sua cultura e tradição.

▶ Vista aérea da Aldeia Moikarako, de indígenas kayapó. São Félix do Xingu, Pará, 2016.

▶ Aldeia Tenonde-Porã, da tribo indígena guarani. São Paulo, São Paulo, 2014.

Quilombolas

As comunidades remanescentes de quilombos são formadas por pessoas que se definem como quilombolas, têm laços de parentesco e procuram manter as tradições, as práticas culturais e a maneira de viver de seus antepassados. Os quilombolas são descendentes dos antigos habitantes dos quilombos: africanos que fugiram do trabalho escravo e lutaram contra a escravidão, além de homens livres como indígenas, mestiços e brancos pobres.

Para os quilombolas, a terra é um bem coletivo, de uso comum, pertencente a toda a comunidade. O trabalho é realizado de forma conjunta e está ligado à agricultura e ao extrativismo, incluindo a pesca artesanal.

A maioria das comunidades remanescentes de quilombos está localizada em áreas de antigos quilombos. Existem também aquelas que ocupam terras que foram compradas por africanos escravizados e ex-escravizados, recebidas por herança ou doação, ou às quais eles passaram a ter o direito de posse por ocupá-las há muito tempo.

Há comunidades remanescentes de quilombos em quase todos os estados brasileiros, principalmente nas áreas rurais, mas também ocupam espaços nas áreas urbanas.

▶ Comunidade remanescente de quilombo Mimbo em Amarante, Piauí, 2014.

▶ Plantação de bananas no Quilombo Ivaporunduva. Eldorado, São Paulo, 2016.

Atividades

1 O que são terras indígenas? Qual é a importância dessas terras para as populações indígenas?

_____

_____

_____

2 Assinale as alternativas que se referem corretamente às comunidades remanescentes de quilombos.

☐ Só encontramos comunidades remanescentes de quilombos no espaço rural.

☐ Os quilombolas valorizam e conservam as tradições e o modo de viver dos antepassados.

☐ A terra é de todos, um bem da comunidade que é trabalhado coletivamente.

☐ Algumas pessoas têm um lote de terra maior do que as outras.

☐ Os quilombolas trabalham na agricultura, extrativismo e pesca artesanal.

3 A influência dos povos indígenas e africanos é facilmente encontrada na alimentação do brasileiro. Dos indígenas herdamos o hábito de consumir erva-mate, mandioca, peixe assado na folha de bananeira, tapioca e beiju. Já com os africanos aprendemos a usar azeite de dendê, pimenta malagueta, leite de coco e a comer pamonha, angu e mungunzá.

a) Em sua família, esses alimentos são consumidos? De que forma?

_____

_____

_____

b) Pesquise e traga para a escola uma receita tradicional em sua família e investigue qual é a origem do prato: indígena, africana, portuguesa ou de algum país do qual vieram imigrantes. Junte a receita com as de seus colegas e façam o "Caderno de Receitas" da turma.

#Digital

Brasil, o país da diversidade

Em nosso país, a diversidade está presente de muitas maneiras, como veremos a seguir.

Na população

Atualmente o Brasil tem mais de 200 milhões de habitantes. Como você viu, a população brasileira é formada por diferentes grupos culturais.

Há também aqueles que, apesar de não serem brasileiros, moram aqui e contribuem para enriquecer a cultura do país. E você, faz parte de qual desses grupos?

▶ No Brasil há imensa variedade étnica e cultural. Itaberaba, Bahia, 2014.

Na natureza

De acordo com estudos realizados nos últimos anos, existem atualmente no Brasil cerca de 116 mil espécies de animais.

As espécies vegetais de nossa flora são de 46 233 tipos.

▶ A anta é o maior animal terrestre do Brasil. Poços de Caldas, Minas Gerais, 2014.

▶ Fruto e árvore do guaraná. O guaraná é uma espécie nativa brasileira. Maués, Amazonas, 2014.

Nas características físicas

O Brasil é o 5º maior país do mundo em extensão territorial. No vasto território brasileiro encontramos muitos ambientes naturais, de pequenas praias a grandes florestas quase impenetráveis. Regiões com rios caudalosos contrastam com regiões de extrema seca. Como é a região em que você vive?

▶ Paisagem do Pantanal. Poconé, Mato Grosso, 2016.

Nas tradições culturais

Nossa cultura é bem diversificada, herança dos muitos povos que deram origem à população brasileira. Alguns exemplos de culturas tradicionais são: cantigas, literatura de cordel, cerâmicas e trançados de vime, danças tradicionais, entre outros.

Na região em que você mora há alguma tradição cultural?

A diversidade de nosso país pode ser vista também nos mapas! Vamos montar uma coleção com alguns mapas temáticos do Brasil.

▶ Apresentação de maracatu em Aliança, Pernambuco, 2015.

1. Vá ao *site* Atlas geográfico escolar, do IBGE. O endereço é: <https://atlasescolar.ibge.gov.br/>.
2. Clique em "mapas" e depois em "mapas do Brasil". Pronto!
3. Entre em todas as opções, escolha e imprima seis mapas que, para você, representam a diversidade de nosso país.
4. Com esses mapas, monte um pequeno atlas. Não se esqueça de criar uma capa e um título para seu atlas.
5. O professor organizará uma exposição com o que você e seus colegas criaram!

CAPÍTULO 4

Quem nos governa

Governando com democracia

Para administrar o país, os estados e os municípios, elegemos pessoas. Você sabe quais são os cargos e as atribuições dessas pessoas? Vamos descobrir!

1. Copie somente as letras que estão nas casas pares e descubra o nome dos cargos dos governantes do município, do estado e do país.

2. Considerando que um governante deve propor melhorias à vida de toda a população que representa, responda: Se você ocupasse um desses cargos, qual seria? O que você faria para melhorar a vida da população? Quais seriam suas realizações?

Os três poderes

Para que o país possa funcionar é necessário que haja leis e um governo que administre os bens e serviços que pertencem a todas as pessoas e devem atender a todos.

A administração do país é dividida entre três poderes: **Executivo**, **Legislativo** e **Judiciário**.

O **Poder Executivo** é responsável por governar e administrar os interesses públicos de acordo com as leis. Seus representantes são o presidente, os governadores e os prefeitos. Eles são escolhidos pelos eleitores por voto direto para cumprir um mandato de quatro anos, podendo ser reeleitos.

- No Palácio do Planalto, localizado em Brasília, a capital do país, fica sediado o maior representante do Poder Executivo: o presidente ou a presidenta da República.

▶ Brasília, Distrito Federal, 2015.

- Nos estados e no Distrito Federal, o Poder Executivo é exercido pelos governadores ou governadoras.

▶ Palácio Rio Branco, sede do governo estadual. Rio Branco, Acre, 2015.

- Em todos os municípios brasileiros, o Poder Executivo é exercido pelos prefeitos ou prefeitas e seus secretários e secretárias.

▶ Prefeitura Municipal de Guararema, São Paulo, 2017.

O **Poder Legislativo** é responsável por elaborar as leis. Ele é exercido por representantes escolhidos pelos eleitores por meio do voto.

Observe no quadro quem são os representantes do Poder Legislativo, os cargos que ocupam e seu local de trabalho.

	PODER LEGISLATIVO	LOCAL DE TRABALHO
País	senadoras e senadores, deputadas e deputados federais	Congresso Nacional
Estado	deputadas e deputados estaduais	Assembleia Legislativa
Município	vereadoras e vereadores	Câmara Municipal

O Congresso Nacional é a sede dos representantes do Poder Legislativo federal. Nele trabalham senadoras e senadores e deputadas e deputados federais.

O **Poder Judiciário** é formado por juízas e juízes que têm a função de julgar se as leis estão ou não sendo cumpridas. Diferentemente dos outros poderes, não há eleição para os cargos do Poder Judiciário.

▶ Congresso Nacional em Brasília, Distrito Federal, 2015.

O Supremo Tribunal Federal é a mais alta instância do Poder Judiciário no Brasil. Sua principal função é julgar se a Constituição, a lei maior do país, está sendo cumprida.

▶ Edifício do Supremo Tribunal Federal. Brasília, Distrito Federal, 2015.

Um pouco mais sobre

Administração do município

> Prefeitura de Ourilândia do Norte, Pará, 2016.

A maior autoridade do município é a prefeita ou o prefeito, escolhido pela população por meio de eleição. O vice-prefeito (ou vice-prefeita) também é eleito e tem a função de substituir o prefeito quando ele precisa afastar-se do cargo. Na mesma eleição são eleitos pelo povo os vereadores e vereadoras, responsáveis por elaborar as leis municipais.

Todos os serviços públicos prestados pela prefeitura – como escolas e creches, postos de saúde e hospitais públicos, pavimentação de ruas, limpeza pública, construção e manutenção de praças e parques, organização do trânsito e outros – são pagos com o dinheiro arrecadado pela cobrança de taxas e impostos. Cabe ao prefeito e aos vereadores planejarem como o dinheiro arrecadado será aplicado. A participação da população é fundamental, pois o dinheiro do município é arrecadado com a cobrança de impostos e deve, portanto, ser bem aplicado. A população pode acompanhar as sessões realizadas nas câmaras municipais e ficar atenta ao trabalho de cada vereador para verificar se atende aos interesses e necessidades do município. Outra forma de participação popular é nas reuniões e conselhos municipais formados por representantes da prefeitura e da sociedade civil. Nos conselhos municipais discutem-se vários assuntos, incluindo as necessidades de cada bairro.

1 Quem é a prefeita ou o prefeito de seu município? Quando ele(a) foi eleito(a)?

2 Pesquise e cite o nome de uma vereadora ou um vereador de seu município.

Atividades

1 Numere a segunda coluna de acordo com a primeira.

1. Poder Legislativo
2. Poder Executivo
3. Poder Judiciário

( ) Governa e administra os interesses públicos.
( ) Elabora as leis.
( ) Fiscaliza o cumprimento das leis.

2 Escreva o nome do(a) atual presidente do Brasil.

_____

3 Escreva o nome do(a) atual governador(a) do estado onde você vive.

_____

4 Observe a imagem e responda às questões. Em seguida, converse com os colegas sobre suas respostas.

▶ São Paulo, São Paulo, 2014.

a) A cena da fotografia retrata que situação?

_____

b) Qual é a importância da escola para a população de um município?

_____

c) Quem é responsável por garantir o ensino público à população?

_____

5 Na população brasileira há mais mulheres do que homens. Mas, na política, os homens são grande maioria. Leia o trecho do texto a seguir.

▶ A senadora australiana Larissa Waters amamenta sua filha durante sessão parlamentar. Camberra, Austrália, 2017.

[...] A participação das mulheres na política é de fundamental importância [...]. As mulheres que têm compromisso com a transformação social lutam com ainda mais empenho por bandeiras de inclusão da mulher na sociedade. Temos exemplos, como a luta por creches, por atendimento na educação e saúde de qualidade, a luta pelo fim da violência contra as mulheres e também pelo reconhecimento de um trabalho invisível, que é o trabalho doméstico. Trabalho esse que vem escravizando muitas mulheres ao longo da história.

Ana Luisa de Castro Coimbra, Leonardo Assunção Bião Almeida, Mirela Souto Alves e Poliana Ribeiro Alves. A imagem da mulher na sociedade e na política. Disponível em: <www.intercom.org.br/papers/regionais/nordeste2007/resumos/R0418-1.pdf>. Acesso em: abr. 2019.

Converse com os colegas sobre as questões a seguir.

a) Em sua opinião, por que há mais homens do que mulheres na política?

_____

_____

b) Você considera importante a presença de mulheres na política? Justifique sua resposta.

_____

_____

6 Ligue cada representante político a seu local de trabalho.

a) deputado estadual

b) vereador

c) deputado federal e senador

d) prefeito

◆ prefeitura

◆ Congresso Nacional

◆ Assembleia Legislativa

◆ Câmara Municipal

7 Somente um dos cargos da atividade anterior pertence ao Poder Executivo. Identifique qual é.

_____

O que são impostos e para que servem?

Para atender a população, que necessita de escolas, hospitais, postos de saúde, saneamento básico, ruas e estradas pavimentadas, energia elétrica e tantos outros serviços, os governos precisam de planejamento e dinheiro. Para implantar e manter esses serviços, e também pagar os salários dos funcionários públicos, são cobrados **impostos** das pessoas e das empresas. Um exemplo é o Imposto sobre a Propriedade Predial e Territorial Urbana (IPTU), um imposto municipal cobrado de proprietários de imóveis localizados em zona urbana. Para os moradores da zona rural é cobrado o Imposto sobre a Propriedade Territorial Rural (ITR).

Os impostos são tributos obrigatórios pagos pelos cidadãos aos governos municipal, estadual e federal (país).

Observe alguns exemplos de impostos pagos pelos contribuintes.

- O Imposto sobre a Propriedade de Veículos Automotores (IPVA) é um tributo estadual cobrado sobre a propriedade de carros, *vans*, ônibus, caminhões e motocicletas.
- Toda mercadoria fabricada, comprada ou vendida paga imposto. Para os consumidores, esses impostos estão embutidos no preço final do produto.

O dinheiro arrecadado pelos impostos deve ser bem aplicado em serviços para a população. Todo cidadão tem direito à educação, saúde e segurança, e é dever dos governantes assegurar esses serviços.

- A vacinação é uma das medidas mais importantes de prevenção contra doenças, e é assegurada a adultos e crianças nos postos de saúde.
- A limpeza das ruas, por exemplo, faz parte do saneamento básico.

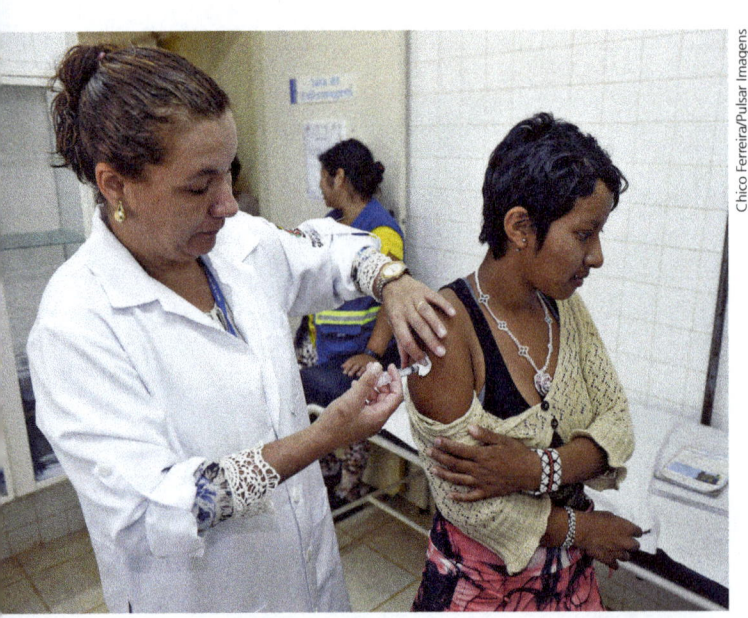

▶ Imunização de indígena guarani mbyá por agente de saúde. São Paulo, São Paulo, 2016.

▶ Gari faz a limpeza da Praça da Igreja do Rosário. Serra Talhada, Pernambuco, 2015.

Atividades

1 Como os governos conseguem recursos para atender às necessidades da população?

_____

_____

2 Onde deve ser utilizado o dinheiro arrecadado com os impostos?

_____

_____

_____

3 Você sabia que, ao comprar algum produto, no preço final estão embutidos tributos (impostos e taxas)? Pedir nota fiscal é a garantia de que o comerciante vai repassar ao governo o dinheiro dos impostos que você pagou. Entreviste três pessoas e pergunte a elas se pedem nota fiscal após comprar algum produto ou serviço. Depois responda:

a) Das pessoas entrevistadas, quantas pedem nota fiscal?

_____

_____

b) Você acha importante pedir nota fiscal? Justifique sua resposta.

_____

_____

_____

4 Você considera que o dinheiro arrecadado com impostos está sendo bem empregado no município onde mora? O que precisa melhorar?

_____

_____

_____

Hora da leitura

Origem do povo brasileiro

A diversidade de nosso povo foi retratada em filmes, livros e músicas. Leia o texto a seguir com os colegas e responda às questões.

Histórias da Preta

[...] Desde a época em que minhas pernas ficaram compridas e meu peito parecia um balão que se enchia, fui aprendendo que trago dentro de mim um pouco do que meus pais e avós e bisavós, trisavós, tataravós e... – depois eu não sei mais como chama – foram. É assim: para nascer é preciso duas origens, ou seja, o lado da mãe e o lado do pai. Cada um traz um monte de origens. O lado do pai traz as origens da parte de seu pai e as da parte de sua mãe. O lado da mãe, por sua vez, também carrega a parte de seu pai e a parte de sua mãe. Todo mundo nasce carregado de origens.

E, se é assim, então quantas origens carrego dentro de mim? Quantas sementes?

Também tenho parentes alemães por parte da minha outra vó, clara, casada com meu avô negro índio, guarani de ascendência charrua. Que confusão! Outro dia eu conversei com um amigo loiro cuja mãe sempre conta com orgulho que sua avó era negra. Nos entreolhamos sorrindo. Eu, negra descendente de alemães, e ele, louro descendente de crioulos. Ninguém acredita! [...]

Heloísa Pires Lima. *Histórias da Preta*. São Paulo: Companhia das Letrinhas, 1998. p. 13.

1 De que modo as origens mencionadas no texto se relacionam com a diversidade dos grupos que formaram a população brasileira?

2 Vamos ilustrar o texto? Em uma folha avulsa desenhe três quadros. Em cada quadro, as imagens devem representar um dos grupos mencionados no texto.

GEOGRAFIA em ação

A visão de um migrante

Como você viu ao longo desta unidade, muitas pessoas migram de um lugar para o outro. A Josefa foi uma dessas pessoas. Ela saiu do campo, no município de Estrela de Alagoas, onde trabalhava no roçado, para viver e trabalhar como cuidadora de crianças em Maceió, capital alagoana. Vamos ler a entrevista dela para conhecermos mais o campo, a cidade e a migração.

Por que você saiu do campo e foi morar na cidade?

Eu trabalhei no campo até os 17 anos. Lá o trabalho era muito pesado, e eu tinha muita vontade de trabalhar fora da roça e conhecer outro lugar. Então, fui buscar trabalho na cidade de Maceió, a capital do meu estado.

Que impressão você teve da cidade quando chegou? E agora, qual é sua impressão?

A impressão que tive logo que cheguei à cidade é que tudo ali era um sonho, sabe? No começo você fica encantado com tudo. A cidade era muito diferente do campo, cheia de gente, carros, comércio. Só com o tempo é que você começa a ver as coisas como elas realmente são. A cidade também tem muitos problemas. Hoje já é diferente. As pessoas estão sempre muito apressadas e não têm tempo para nada na cidade. É muito bom viver aqui, mas tem seu preço, como a falta de tempo para aproveitar a vida.

Do que você mais sente falta do campo?

Ah, eu sinto muita falta do campo, mesmo! Do cheiro da terra, do tempo das plantações, e até mesmo de quando acordávamos cedo para trabalhar na roça. É uma pena, porque, depois que você se acostuma na cidade, é muito difícil voltar a fazer o que fazia no campo antes.

Você acha que o campo permanece hoje da mesma forma que era quando saiu de lá?

Acho que não, porque muita coisa mudou. Várias pessoas já não querem mais viver e trabalhar no campo. Falta emprego, as máquinas ocuparam o espaço que era dos trabalhadores. Hoje grande parte das pessoas quer viver na cidade, buscando mais conforto, um bom emprego, as comodidades que não temos no campo.

Josefa dos Santos Moraes trabalha como ajudante do lar em Maceió, Alagoas.

Revendo o que aprendi

1 Escolha um dos sistemas de transporte estudados, cite suas principais características, vantagens e desvantagens.

_____
_____
_____
_____
_____

2 Leia o trecho da letra de uma canção.

Meu reino encantado
Nosso sítio que era pequeno
pelas grandes fazendas cercado
precisamos vender a propriedade
para um grande criador de gado
e partimos pra cidade grande
a saudade partiu ao meu lado.
A lavoura virou colonião
e acabou-se o meu reino encantado.

Valdemar Reis e Vicente P. Machado (compositores). CD *Meu reino encantado*.
Rio de Janeiro: Chantecler; Warner Music, 2000.

a) De acordo com a canção, o sítio foi vendido para a prática de qual atividade econômica?

_____

b) Que atividade era praticada no sítio?

_____
_____

c) Em sua opinião, por que, na letra da canção, o autor se refere ao sítio onde vivia como "reino encantado"?

_____
_____
_____

d) No caderno, desenhe como era o sítio e, depois da venda, como você imagina que ele ficou.

3 Leia o trecho do texto e faça o que se pede.

> [...] Somos um povo mestiço, de cultura mestiça, o que quer dizer que somos o produto de várias misturas, que resultaram em coisas diferentes daquelas que lhes deram origem. [...]
>
> Marina de Mello e Souza. *África e Brasil africano*. São Paulo: Ática, 2006. p. 128.

De acordo com o texto, explique a frase: "Somos um povo mestiço".

_____

_____

_____

4 Organize um mural na sala de aula, com os colegas e o professor, que tenha elementos culturais trazidos pelos componentes de culturas africanas, indígenas e imigrantes. Vocês podem destacar elementos relacionados à culinária, às festas, construções, tradições, aos costumes, entre outros.

5 Complete o diagrama de palavras.

1. Palácio do _____, que é sede do Poder Executivo no país.
2. Direito do cidadão exercido em uma eleição.
3. Representantes dos estados, responsáveis por fazer as leis.
4. Representantes do Poder Legislativo no município.
5. Cargo do Poder Executivo no estado.
6. Característica do voto no Brasil.
7. Poder responsável por elaborar as leis.

```
          1 P _ _ _ _ _ _ _
        2 _ O _ _
        3 _ D _ _ _ _ _ _ _
      4 _ _ E _ _ _ _
      5 _ _ R _ _ _ _ _
        6 _ E _ _ _ _ _
      7 _ _ S _ _ _ _
```

Nesta unidade vimos

- Nas trocas realizadas entre o espaço urbano e o espaço rural são utilizadas diversas vias e meios de transporte de vários tipos. Ocorre também um movimento de pessoas entre esses dois espaços, que chamamos migração.

▶ As rodovias podem ter pista simples ou dupla, como vimos na página 91.

- A população brasileira é o resultado da miscigenação de diferentes povos e, por isso, tem características físicas e culturais diversificadas. Nossa população descende de povos indígenas, de povos africanos e de povos que vieram da Europa e da Ásia como imigrantes.

▶ Em nosso país, há grande variedade étnica e cultural, como estudado na página 108.

- No Brasil existem três poderes: o Poder Executivo, o Poder Legislativo e o Poder Judiciário. Os governantes utilizam o dinheiro arrecadado com os impostos para ofertar serviços de saúde, educação, segurança, transporte e outros à população.

▶ No Congresso Nacional trabalham senadores e deputados federais, como visto na página 112.

Para finalizar, responda:

- No município, a relação entre o campo e a cidade é de interdependência. Dê exemplos dessa relação.
- Como a formação da população brasileira influencia a cultura?
- Como se organizam os poderes públicos no Brasil e de que forma são exercidos?

Para ir mais longe

Livros

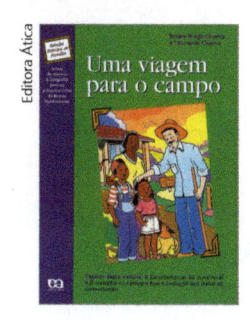

▶ **Uma viagem para o campo**, de Rosaly Braga Chianca e Leonardo Chianca. São Paulo: Ática, 1997.

Crianças da cidade, ao visitar parentes que moram na zona rural, deparam-se com um mundo diferente daquele em que vivem.

▶ **De onde você veio? Discutindo preconceitos**, de Liliana Iacocca e Michele Iacocca. São Paulo: Ática, 2011.

O livro aborda e valoriza o fato de que pessoas de muitas nacionalidades, diferentes costumes e religiões formaram o povo brasileiro.

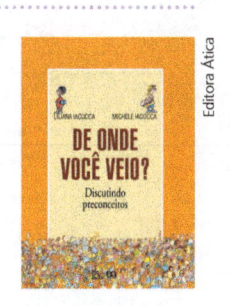

▶ **Menina bonita do laço de fita**, de Ana Maria Machado. São Paulo: Editora Ática, 2011.

Conta a história de uma menina que procura dar explicações fantásticas sobre a cor de sua pele.

▶ **Formas e cores da África**, de Mércia M. Leitão e Neide Duarte. São Paulo: Editora do Brasil, 2014.

Um avô proporciona ao neto uma verdadeira viagem pela diversidade de cores e formas do continente africano.

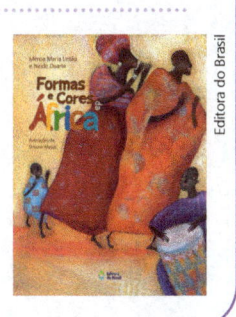

Filme

▶ **Cine Cocoricó: as aventuras na cidade**. Direção de Fernando Gomes. Brasil: Cultura, 2009, 60 min.

Apesar de estar acostumado com a vida na fazenda, Júlio decide visitar o primo João e passar férias na cidade grande. Com a companhia dos amigos, o garoto aprenderá as diferenças entre seu mundo e o do primo.

Site

▶ **Criança cidadã:** <www.portalzinho.cgu.gov.br/quadrinhos>.

Histórias em quadrinhos que abordam temas relacionados à cidadania, como eleição, ética, tripartição dos poderes e outros.

UNIDADE 4
Brasil: suas paisagens e regiões

- No lugar onde você vive é possível observar paisagens como as das imagens? Quais?
- As paisagens do lugar onde você vive têm aspectos que indicam atitudes de conservação ou de degradação ambiental?

Bruna Assis

CAPÍTULO 1 — A regionalização do Brasil

Agrupando conjuntos

A professora do 4º ano solicitou aos alunos que agrupassem os meios de transporte abaixo de acordo com um critério.

Veja como cada aluno os agrupou.

1. Qual critério cada aluno usou para o agrupamento?

2. E você, qual critério utilizaria para agrupá-los?

Por que regionalizar?

Na atividade anterior, você pôde perceber que foram consideradas diferentes características para agrupar os meios de transporte. Com base no critério estabelecido, é possível estudar detalhadamente cada grupo.

E os diferentes espaços, será que também podem ser agrupados? Vejamos um exemplo: o Brasil é reconhecido pela grande extensão territorial, contando com aspectos físicos (vegetação, relevo, clima) e atividades econômicas (extrativismo, agricultura, pecuária, indústria, comércio e serviços) muito diferenciados.

Diante disso, uma das maneiras de trabalhar melhor essa diversidade é dividir o Brasil em regiões, isto é, partes que se distinguem umas das outras de acordo com características apresentadas.

O Instituto Brasileiro de Geografia e Estatística (IBGE) divide o Brasil em cinco regiões: Norte, Centro-Oeste, Nordeste, Sudeste e Sul. Observe-as no mapa.

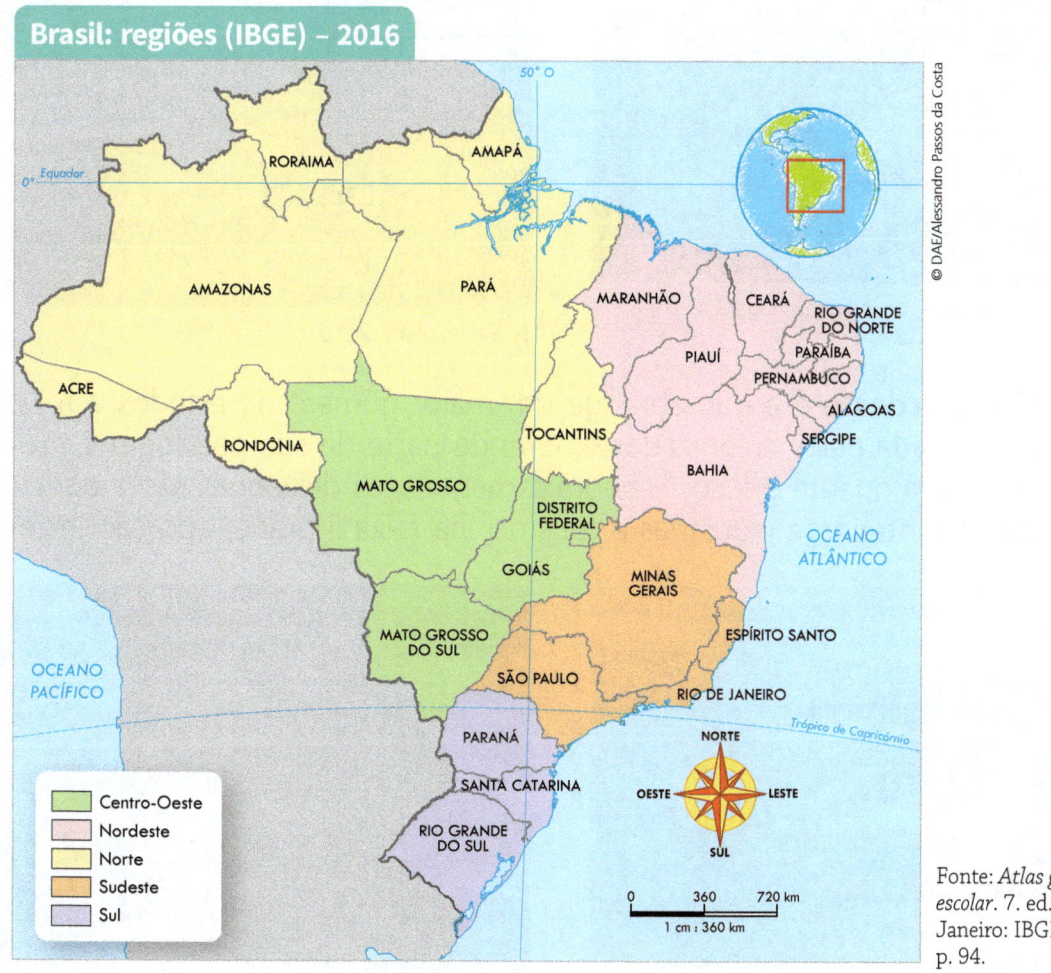

Brasil: regiões (IBGE) – 2016

Fonte: *Atlas geográfico escolar*. 7. ed. Rio de Janeiro: IBGE, 2016. p. 94.

Portanto, **regionalizar** é classificar como pertencentes a um mesmo espaço áreas com certa semelhança. Com base na delimitação das regiões, é possível realizar estudos geográficos e analisar as características e configurações delas para fins administrativos ou de planejamento.

As regiões segundo o IBGE

Ao regionalizar o Brasil, o IBGE considerou as características comuns entre os estados – como paisagem natural, presença humana e atividades econômicas – e utilizou os limites deles para demarcar as regiões. Essas regiões são extensas e apresentam diversas paisagens. Vamos conhecer cada uma delas.

A **Região Norte** é a mais extensa das regiões e ocupa quase a metade do território brasileiro. Porém, é a que tem menor número de habitantes. Nessa região se destacam a Floresta Amazônica, o clima quente com chuvas o ano todo e a atividade extrativa vegetal e mineral.

▶ Comunidade Kumaipá, de indígenas ingarikó. Uiramutã, Roraima, 2018.

▶ Belém, Pará, 2015.

A **Região Nordeste** é a que abrange um maior número de estados e foi a primeira a ser ocupada pelos colonizadores. Grande parte de sua paisagem é marcada pela ação do clima quente e seco. Economicamente seus destaques são a agricultura e a pecuária, no interior, e indústrias e turismo, na faixa litorânea (porção leste).

▶ Pindaí, Bahia, 2016.

▶ Recife, Pernambuco, 2017.

A **Região Centro-Oeste** localiza-se no interior do país e é a única que não é banhada pelo mar. Nessa região está Brasília, a capital do Brasil. Economicamente o destaque são as grandes fazendas voltadas à criação de gado, as que cultivam soja e outras que cultivam milho, destinados à exportação.

▶ Poconé, Mato Grosso, 2017.

▶ Jataí, Goiás, 2014.

A **Região Sudeste** é a mais populosa do Brasil. De cada 100 brasileiros, 42 vivem nela. As duas maiores cidades brasileiras – São Paulo e Rio de Janeiro – encontram-se nessa região, que apresenta diversidade econômica, com grande industrialização e urbanização, além de atividade agropecuária.

▶ Cubatão, São Paulo, 2013.

▶ Rio de Janeiro, Rio de Janeiro, 2016.

A **Região Sul** é a menos extensa do Brasil e caracteriza-se por apresentar as mais baixas temperaturas do país durante o inverno. Economicamente destacam-se a agricultura, a pecuária e a indústria.

▶ São Joaquim, Santa Catarina, 2013.

▶ Londrina, Paraná, 2017.

Atividades

1 Observe as imagens. Que critério pode ser utilizado para uma regionalização considerando os aspectos das paisagens apresentadas?

a)

▶ Ipojuca, Pernambuco, 2015.

b)

▶ Nonoai, Rio Grande do Sul, 2016.

2 Justifique a importância de regionalizar os espaços.

3 O que foi considerado pelo IBGE para definir as regiões do Brasil?

4 Em qual região definida pelo IBGE está localizado o estado onde você mora?

5 Os gráficos em colunas mostram um dado numérico. Cada coluna tem um tamanho proporcional ao dado numérico que demonstra. Observe os gráficos e depois responda às questões.

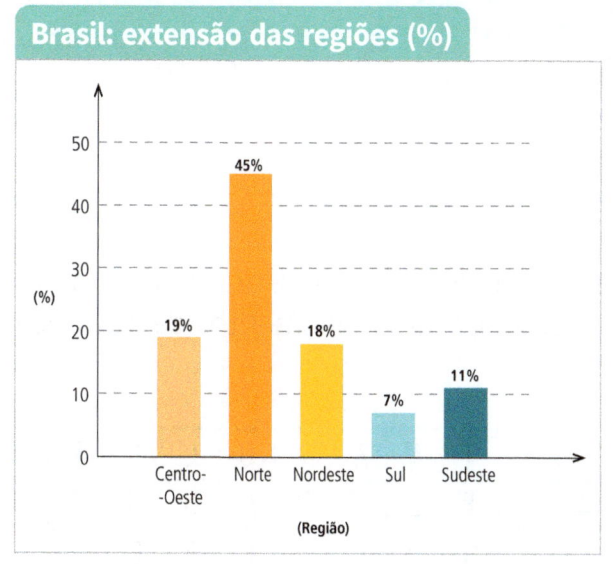

Brasil: extensão das regiões (%)

- Centro-Oeste: 19%
- Norte: 45%
- Nordeste: 18%
- Sul: 7%
- Sudeste: 11%

Fonte: *Atlas geográfico escolar*. 7. ed. Rio de Janeiro: IBGE. 2016. p. 94.

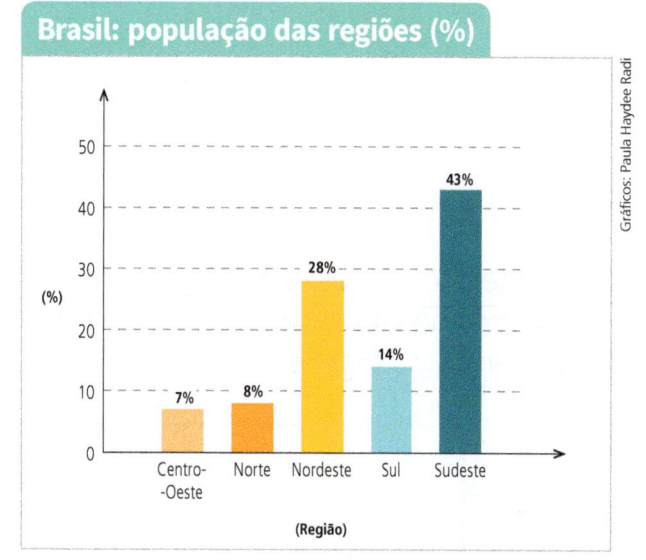

Brasil: população das regiões (%)

- Centro-Oeste: 7%
- Norte: 8%
- Nordeste: 28%
- Sul: 14%
- Sudeste: 43%

Fonte: IBGE. Disponível em: <https://censo2010.ibge.gov.br/sinopse/index.php?dados=4&uf=00>. Acesso em: abr. 2019.

Gráficos: Paula Haydee Radi

▶ Os gráficos apresentam informações sobre a extensão e a população das regiões do Brasil segundo o IBGE.

a) O que as colunas de cada gráfico representam?

_____

_____

b) A região com a maior área é também a de maior população? Justifique sua resposta.

_____

_____

6 Com base nas dicas, descubra a seguir em qual região moram as pessoas.

◆ Moro na região mais fria do Brasil. _____

◆ Na região onde moro está a Floresta Amazônica. _____

◆ Na região onde moro há muito turismo. _____

◆ Moro na região brasileira mais populosa. _____

◆ Na região onde moro não há mar. _____

131

CAPÍTULO 2

Aspectos naturais do Brasil

Seguindo a trilha

No território brasileiro há grande diversidade de paisagens. No segundo diagrama, siga o mesmo caminho indicado no primeiro e descubra quais elementos da natureza compõem a paisagem.

Início

R	T	M	A	I	O	L	U	R
S	P	E	W	U	M	O	N	T
I	O	D	E	R	U	E	C	A
V	I	L	A	G	U	E	T	O
Z	Q	U	O	Z	A	D	Y	E
S	P	O	R	G	A	L	H	P
O	P	E	T	E	R	I	D	O
O	L	P	E	D	Ç	O	N	Ã
L	E	V	M	I	D	O	Ç	O
P	I	V	S	C	O	A	M	Z
I	M	J	O	V	E	M	T	U
E	U	N	O	R	B	E	A	S
S	S	U	A	I	V	O	G	E
L	H	E	M	I	O	J	E	M
B	E	C	L	K	J	S	V	Y
L	R	I	S	T	A	C	R	A
S	A	I	S	T	L	C	M	A
H	O	R	W	C	A	I	C	O
A	N	S	A	B	K	U	O	R

Kau Bispo

1 Que palavras você encontrou?

_____

2 Escolha um desses elementos e conte aos colegas o que você sabe dele.

3 Qual desses elementos mais se destaca no lugar onde você vive? Por quê?

Relevo e rios

Na natureza tudo está integrado. Na página anterior, você encontrou no diagrama elementos que se inter-relacionam. O relevo e a hidrografia, por exemplo, são elementos naturais que, combinados com o tipo de solo, temperatura, umidade e vegetação, originam diferentes paisagens.

Glossário

Chapada: tipo de relevo elevado e com topo plano, que se assemelha a uma mesa.

As variações nas formas e altitudes da superfície terrestre compõem o **relevo**. As principais formas de relevo no Brasil são as indicadas a seguir.

- **Planaltos:** superfícies irregulares que podem ser compostas de diversas formas, como morros, serras e **chapadas**. São constantemente desgastados pela ação do vento, da chuva e dos rios.

- **Planícies:** superfícies pouco elevadas, mais ou menos planas, formadas pelo acúmulo de sedimentos. Podem ser fluviais (cortadas por grandes rios) ou litorâneas (próximas ao litoral).

▶ Distrito de Visconde de Mauá, na Serra da Mantiqueira. Resende, Rio de Janeiro, 2017.

▶ Planície litorânea com visão do Farol de Santo Alberto. São Bento do Norte, Rio Grande do Norte, 2014.

- **Depressões:** áreas mais baixas que as unidades de relevo vizinhas.

Você sabe que forma de relevo predomina no Brasil? Consulte o mapa que está na página 200, na seção **Caderno de cartografia**, e verifique as unidades de relevo do nosso país.

▶ Paisagem da Serra do Roncador. Barra do Garças, Mato Grosso, 2017.

Os rios modelam as formas de relevo. Nas regiões de planalto, eles retiram e transportam sedimentos do solo, e os depositam nas planícies. As formas de relevo determinam o curso dos rios: onde eles nascem, por onde passam e onde deságuam.

▶ Cânion do Talhado, no curso do Rio São Francisco. Delmiro Gouveia, Alagoas, 2016.

▶ Rio Tapajós, em seu curso pela planície amazônica. Área da Barra de São Manoel, no município de Jacareacanga, Pará, 2014.

O Brasil tem muitos rios. O conjunto formado, geralmente, por um rio principal, seus afluentes (rios que deságuam no rio principal) e subafluentes (rios que deságuam nos rios afluentes), além das terras por onde eles escoam, recebe o nome de **bacia hidrográfica**. O tamanho da bacia hidrográfica varia de acordo com a extensão do rio e o volume de suas águas.

Você sabe quais são as principais bacias hidrográficas brasileiras e qual é a maior delas? Observe na página 201, na seção **Caderno de cartografia**, o mapa das bacias hidrográficas brasileiras e encontre as respostas para essas questões.

Atividades

1 Identifique nas fotografias as formas de relevo.

| 1 | 2 | 3 |

▶ Cavalcante, Goiás, 2016. ▶ Armação dos Búzios, Rio de Janeiro, 2015. ▶ Quixadá, Ceará, 2015.

_____

2 Compare os mapas Brasil: político e Brasil: formas do relevo, que estão nas páginas 36 e 200. Localize o estado onde você mora e identifique a forma de relevo predominante nele.

_____

3 Agora compare o mapa Brasil: político (página 36) com o mapa das bacias hidrográficas (página 201) e identifique qual(is) bacia(s) hidrográfica(s) banha(m) o estado onde você vive.

_____

4 Leia o trecho da história a seguir, que mostra a interdependência do relevo com a hidrografia. Depois faça o que se pede.

> Ele nasce lá no alto, junto às montanhas. Suas águas são puras e transparentes. Manhoso, desce a montanha atento por onde passa. A cada curva cresce. Vira rio. Outros rios e riachos vão se juntando a ele.
> Agora é um grande rio e segue rápido. [...]
> E segue seu curso rumo ao mar...
>
> Regina Siguemoto. *O rio e a cidade dos homens*. Belo Horizonte: Formato, 1991. p. 3 e 11.

a) Que denominação recebem os rios que deságuam em outros rios?

_____

b) No caderno, represente o texto com desenhos.

Cobertura vegetal

O Brasil tem diferentes climas, tipos de solo, formas de relevo e altitudes. Esses elementos influenciaram a formação vegetal do país, que é muito variada. Algumas espécies vegetais, por exemplo, desenvolvem-se somente em áreas de clima quente e seco, enquanto outras necessitam de clima quente e úmido. Há, ainda, as espécies adaptadas às baixas temperaturas.

Observe no mapa a vegetação original do Brasil. Compare-o com o mapa da página 202 do **Caderno de cartografia**. É importante lembrar que em muitas áreas do país já não resta mais a vegetação original, que desapareceu principalmente em razão da ação humana no espaço, com as queimadas e o desmatamento para cultivo e criação de gado, e também o crescimento das cidades.

Brasil: vegetação original

Formações florestais
- Floresta Amazônica
- Mata dos Cocais
- Mata Atlântica
- Mata de Araucárias

Formações arbustivas e campestres
- Caatinga
- Cerrado
- Campos
- Campinarana

Outras formações
- Complexo do Pantanal
- Vegetação litorânea

Fonte: Gisele Girardi e Jussara Vaz Rosa. *Atlas geográfico do estudante*. São Paulo: FTD, 2011. p. 26.

Cartografar

1. Na Unidade 1 você estudou que os mapas contêm informações e que, ao conhecer seus elementos, podemos ler e interpretar essas informações. Observe a sequência de mapas a seguir e responda às questões.

São Paulo: vegetação nativa

Fonte: Gisele Girardi e Jussara Vaz Rosa. *Atlas geográfico do estudante*. São Paulo: FTD, 2011.

São Paulo: devastação da vegetação nativa – 1960

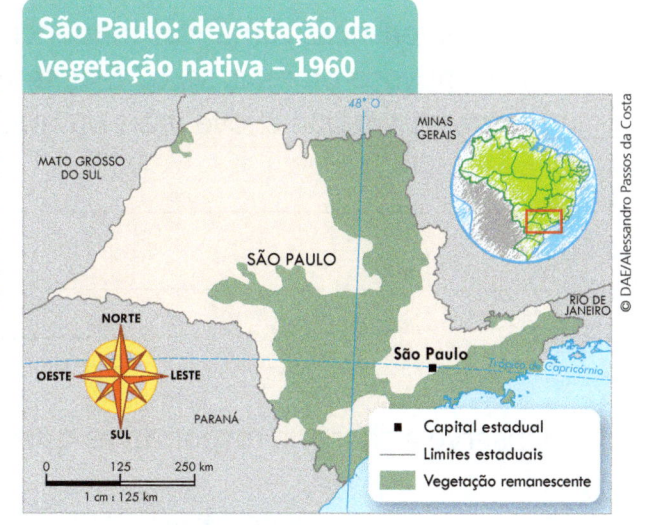

Fonte: Gisele Girardi e Jussara Vaz Rosa. *Atlas geográfico do estudante*. São Paulo: FTD, 2011.

São Paulo: devastação da vegetação nativa – 2010

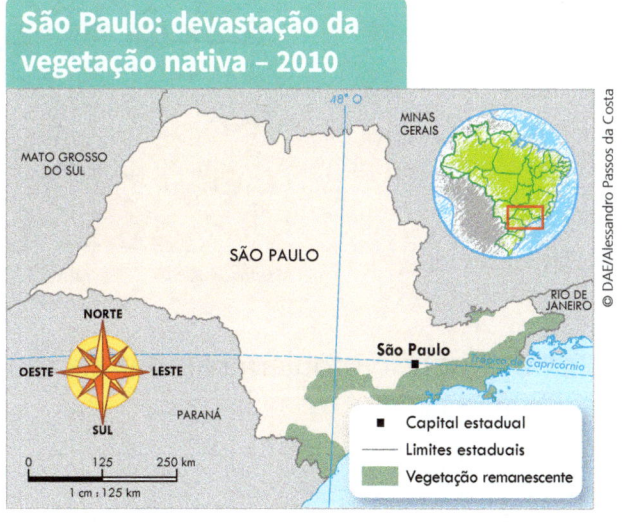

Fonte: Gisele Girardi e Jussara Vaz Rosa. *Atlas geográfico do estudante*. São Paulo: FTD, 2011.

a) Que espaço está representado nos mapas?

_____

b) O que os mapas representam?

_____
_____

c) O que é possível concluir analisando os mapas?

_____
_____

d) Levante hipóteses que justifiquem o que pode ter causado essa situação revelada nos mapas.

_____
_____

Atividades

1 Observe novamente o mapa da página 136 e responda:

Que tipo de formação vegetal original se desenvolvia no estado onde você mora?

_____

2 As características climáticas influenciam a vegetação. O lugar onde você mora é mais chuvoso ou mais seco? E as temperaturas, são mais altas ou mais baixas? Há meses em que chove mais ou meses em que é mais frio do que os outros?

_____

_____

_____

3 Observe a charge e responda às questões.

Arionauro

a) Qual é o problema ambiental retratado? Por que ele ocorre?

_____

b) Escreva uma proposta para solucionar o problema apresentado.

_____

_____

_____

138

Leia o texto e depois responda às questões 4 e 5.

Mata ciliar do Rio Santo Antônio. Delfinópolis, Minas Gerais, 2016.

Mata ciliar é o nome que se dá à vegetação que se desenvolve às margens dos rios, riachos, córregos, lagoas ou outros corpos-d'água [...]

Apesar de ocupar apenas uma pequena parte da superfície de uma bacia hidrográfica, as matas ciliares apresentam grande biodiversidade, além de desempenharem importante papel na proteção dos rios, tornando-se fundamental a sua conservação e/ou recuperação.

As matas ciliares servem de proteção para rios, riachos, córregos, lagos e lagoas, agindo como barreira física contra:

- a erosão, pois amortecem as gotas de chuva que, ao caírem, batem primeiro nas folhas, não indo diretamente ao solo. Isso evita que a terra seja arrastada para dentro do rio. Se a chuva cair diretamente no solo, carrega grande quantidade de terra para dentro dos rios [...] prejudicando a vida dos peixes, dificultando a retirada de água para o consumo e podendo até mesmo secá-los;
- a contaminação por agrotóxicos e resíduos de adubos, que sem essas matas passariam livremente para os rios, lagos e barragens, através do solo ou do ar.

Bahia. Secretaria de Meio Ambiente e Recursos Hídricos – Semarh. *Recomposição florestal de matas ciliares*. 3. ed. rev. e aum. Salvador: Gráfica Print Folhes, 2007. Disponível em: <www.meioambiente.ba.gov.br/arquivos/File/Publicacoes/Cartilhas/CARTILHA_MATAS_CILIARES.pdf>. Acesso em: abr. 2019.

4 Explique a importância das matas ciliares para a conservação das águas.

_____
_____
_____
_____

5 De que modo a presença de vegetação protege o solo?

_____
_____
_____

CAPÍTULO 3 — Formações florestais

Contando uma lenda

Lendas são histórias originalmente contadas de forma oral, transmitidas de geração a geração, que tentam explicar acontecimentos ou fenômenos naturais. Os povos indígenas do sul do Brasil contam o surgimento de uma árvore típica da região: a araucária.

A lenda da araucária

Era uma vez duas tribos de índios inimigos. Um certo dia o caçador da tribo foi caçar e encontrou uma onça; ali também estava a curandeira da tribo inimiga, pela qual havia se apaixonado. O índio matou a onça e se aproximou da índia, que se assustou e acabou desmaiando. Os índios da tribo inimiga encontraram os dois ali, o índio à beira do rio com a índia nos braços, pensaram mal do que viram e o mataram a flechadas. Ele morreu cheio de flechas pelo corpo.

Diz a lenda que ele se transformou numa araucária e a índia numa gralha azul e as gotas de sangue que pingaram eram os pinhões que a gralha azul enterra. As flechas eram os espinhos e o índio, a árvore.

Renato Augusto Carneiro Jr. (Coord.). *Lendas e contos populares do Paraná*. Curitiba: Secretaria de Estado da Cultura, 2005. p. 149. Disponível em: <www.cidadao.pr.gov.br/arquivos/File/parana/livro_lendas.pdf>. Acesso em: abr. 2019.

1. Observe a imagem da araucária acima. No que essa árvore é diferente de outras árvores?

2. Você conhece outras lendas indígenas brasileiras? Quais? Conte-as para os colegas.

3. No caderno, elabore uma sequência de imagens para ilustrar a lenda da araucária.

Florestas e matas

▶ Mata de araucárias. São Joaquim, Santa Catarina, 2015.

O Brasil tem extensas áreas cobertas por florestas, compostas basicamente de árvores, com grande variedade de espécies vegetais. Destacam-se a Floresta Amazônica, a Mata Atlântica, a mata de araucárias e a mata dos cocais. Vamos conhecer características de cada uma delas, começando pela mata de araucárias, cuja lenda você viu na atividade de abertura deste capítulo.

Também conhecida como **mata dos pinhais**, a **mata de araucárias** localizava-se originalmente nos planaltos da Região Sul, cobrindo mais da metade da área dos estados do Paraná e de Santa Catarina. Também era encontrada nas áreas de maior altitude da Região Sudeste.

Essa formação vegetal é típica do clima subtropical. Rica em biodiversidade, nela predomina a araucária ou pinheiro-do-paraná, árvore com folhas em forma de agulha e copa voltada para o céu.

O desmatamento feito pelas empresas madeireiras no início do século 20 e, mais tarde, pelos agricultores atraídos pela boa qualidade do solo na região, foi responsável pela devastação da mata de araucárias. Atualmente restam menos de 2% dessa cobertura vegetal.

Outra formação vegetal com grande variedade de espécies vegetais é a **Mata Atlântica**. Essa floresta estendia-se do nordeste até o sul do país, abrangendo também parte do interior da Região Sudeste. Já foi uma das maiores florestas tropicais do planeta, mas atualmente restam apenas 7% da vegetação original, preservada principalmente nas encostas **íngremes** das serras.

A Mata Atlântica começou a ser devastada no início da colonização do Brasil com a exploração da madeira e, depois, com a atividade agropecuária. As duas maiores cidades brasileiras, São Paulo e Rio de Janeiro, estão situadas na área onde antes predominava a Mata Atlântica.

Glossário

Íngreme: muito inclinado, difícil de subir e descer.

▶ Mata Atlântica. São Miguel Arcanjo, São Paulo, 2017.

A **Floresta Amazônica** localiza-se em uma região de clima quente e úmido. Ocupa 42% do território brasileiro, uma área bem superior à de muitos países, e se estende pela Venezuela, Colômbia, Peru, Bolívia, Equador, Suriname, Guiana e Guiana Francesa.

▶ Rio Anuá em meio à densa vegetação da Floresta Amazônica. Caracaraí, Roraima, 2016.

É uma floresta fechada, constituída principalmente por árvores de grande porte, que podem atingir mais de 60 metros de altura. Devido à umidade e à troca constante de folhas, está sempre verde. O solo, apesar de pobre em nutrientes, é diariamente fertilizado pela própria floresta, que nele deposita grande quantidade de matéria orgânica (galhos, folhas e animais mortos).

As queimadas, provocadas por agricultores e pecuaristas para preparar o terreno para o plantio, o desmatamento para a exploração da madeira e a inundação de áreas para a construção de barragens das usinas hidrelétricas colocam em risco o equilíbrio da região e comprometem a existência de muitas espécies animais e vegetais.

A **mata dos cocais** é formada por diferentes espécies de palmeira, como o babaçu e a carnaúba, muito explorados comercialmente. É encontrada nos estados do Maranhão e Piauí. Essa mata está em uma zona de transição entre dois outros tipos de vegetação muito diferentes entre si: a Floresta Amazônica e a Caatinga, que você estudará no próximo capítulo.

▶ Mata dos cocais. Nazária, Piauí, 2015.

Um pouco mais sobre

Floresta Amazônica

Embora ela pareça uniforme, podemos identificar na Amazônia três diferentes níveis de vegetação, de acordo com o relevo, a umidade e o tipo de solo.

mata de terra firme

Mata de igapó: área da floresta mais próxima aos rios, permanentemente alagada. Nela encontramos árvores mais baixas e espécies aquáticas como a vitória-régia.

Mata de várzea: ocupa as áreas que sofrem inundações periódicas, de acordo com as cheias dos rios. Neste estrato da floresta, o solo é mais fértil e, nos períodos de seca, é aproveitado pelas populações ribeirinhas para o cultivo de produtos de subsistência. Nele se destacam as seringueiras e o extrativismo vegetal.

mata de várzea

mata de igapó

Nível das águas altas (enchente)

Mata de terra firme: áreas de terras mais altas, não atingidas pelas cheias dos rios. Este estrato corresponde a 90% da área total da floresta e nele encontram-se árvores de grande porte. A proximidade das copas dessas árvores dificulta a entrada de luz solar no interior da floresta.

1 Identifique nas fotografias os três tipos de mata existentes na Floresta Amazônica.

▶ Caracaraí, Roraima, 2016.

▶ Manaus, Amazonas, 2014.

▶ Tefé, Amazonas, 2017.

Atividades

1. Complete o diagrama.
   1. A carnaúba é uma espécie vegetal típica dessa mata.
   2. Mata de _____, também conhecida como mata dos pinhais.
   3. Uma das causas da destruição das florestas.
   4. Mata que se estendia do nordeste até o sul do país.
   5. Maior floresta tropical do planeta.

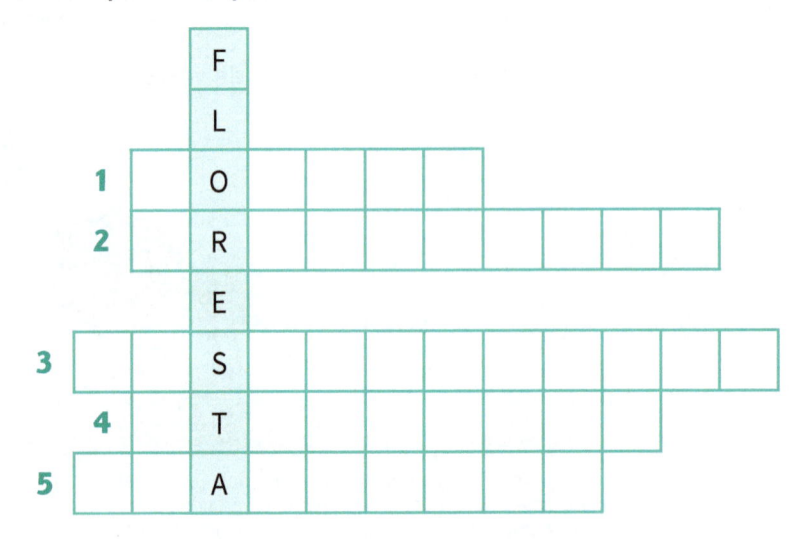

   ```
           F
           L
       1   O _ _ _ _
       2   R _ _ _ _ _ _
           E
       3 _ S _ _ _ _ _ _ _
       4 _ T _ _ _ _ _
       5 _ A _ _ _ _ _
   ```

2. Apesar do solo empobrecido, a Amazônia é a maior floresta tropical do planeta e está sempre verde. Que fator é responsável por essa característica?

   _____
   _____
   _____

3. Entre 1816 e 1822, o botânico francês Auguste de Saint-Hilaire viajou pelo Brasil com o objetivo de identificar e catalogar plantas. Em seus relatórios, ele registrou com detalhes os locais por onde passou, os costumes e as histórias da época. Em 25 de abril de 1822, viajando de Minas Gerais para o Rio de Janeiro, ele descreveu assim a paisagem da Mata Atlântica:

   > "O caminho é margeado por mata virgem muito cerrada; em alguns lugares torna-se muito duro e difícil vencê-lo".

   Se ele fizesse a viagem hoje, será que descreveria da mesma forma a paisagem? Debata com seus colegas sobre esta questão.

4 Identifique nas imagens os dois principais problemas que atingem as florestas e explique cada um deles.

▶ Lima Duarte, Minas Gerais, 2016.

▶ Tucumã, Pará, 2016.

_____

_____

_____

5 Leia o texto e depois responda às questões.

> A economia da carnaúba decorre do aproveitamento integral dessa palmeira. Suas folhas, que além de fornecer o pó, que é a principal matéria-prima da cera de carnaúba, utilizada em diversos ramos industriais, também são empregadas na cobertura de casas e para confecção de peças de artesanato. O fruto serve para alimentação animal. O talo é utilizado na construção civil e a raiz possui qualidades medicinais.
>
> José Natanael Fontenele de Carvalho e Jaíra Maria Alcobaça Gomes. *Contribuição do extrativismo da carnaúba para mitigação da pobreza no Nordeste*. ECOECO 2007. Disponível em: <http://ecoeco1.hospedagemdesites.ws/ecoeconovo/encontros_ecoeco/>. Acesso em: abr. 2019.

▶ Fotografia de 2015.

a) De qual formação vegetal essa árvore faz parte?

_____

b) Onde se localiza essa formação vegetal?

_____

CAPÍTULO 4
Formações arbustivas e campestres

Adivinhe a sombra

Descubra qual sombra corresponde a cada imagem.

1. Quais são as características das plantas representadas nas imagens?

Caatinga e cerrado

Na atividade da página anterior, você viu duas plantas arbustivas e pôde perceber que existem diferenças entre elas. Elas são duas das espécies encontradas na caatinga e no cerrado. Vamos conhecer um pouco de cada uma dessas formações vegetais.

A caatinga

Na área de clima semiárido do Nordeste brasileiro as temperaturas são elevadas e as chuvas, escassas e irregulares. O solo é raso e pedregoso, e alguns rios da região são temporários, isto é, secam durante o período de estiagem.

Ali se desenvolve uma vegetação tipicamente brasileira: a caatinga. Essa formação vegetal é composta de arbustos e plantas adaptadas à escassez de água da região.

Algumas plantas têm raízes longas, caules que armazenam água e poucas folhas, que caem durante os períodos de seca e só reaparecem quando começam as chuvas.

▶ Vegetação de caatinga, com a maioria das plantas desfolhadas. Santaluz, Bahia, 2015.

A caatinga também sofre impactos causados pela ação do ser humano. O desmatamento de pequenos arbustos para usar a lenha como combustível doméstico e industrial, além da substituição da vegetação nativa por áreas de plantio e de criação de gado, compromete o equilíbrio ambiental dessa vegetação.

O cerrado

O cerrado ocupa uma extensa área na porção central do Brasil. Típica do clima tropical, com duas estações bem definidas – uma quente e úmida (entre setembro e março) e outra seca (entre abril e agosto) –, a vegetação é composta principalmente de arbustos e árvores com troncos e galhos retorcidos, casca grossa, folhas pequenas e flores, além de vegetação rasteira e da mata ciliar, que protege as margens dos rios.

Observe nas fotografias como a paisagem do cerrado muda de aspecto de acordo com a estação do ano: no período das chuvas, é verde e com grande quantidade de folhas; no período de seca, as árvores e arbustos perdem parte das folhas.

▶ Paisagem de cerrado no verão, período de chuvas. Alto Paraíso de Goiás, Goiás, 2016.

▶ Paisagem de cerrado no inverno, período de seca. Alto Paraíso de Goiás, Goiás, 2014.

O solo do cerrado é pobre em nutrientes e muito ácido, não recomendado para atividades agropecuárias. Contudo, modernas técnicas agrícolas foram introduzidas na região para corrigi-lo e torná-lo adequado ao cultivo, fazendo com que boa parte da vegetação original fosse substituída pelo cultivo de grãos e pelos campos de pastagens. Segunda maior formação vegetal do Brasil, atrás apenas da Floresta Amazônica, o cerrado vem sendo devastado há décadas, com a expansão da agricultura e pecuária na região e com o crescimento e surgimento de novas cidades. Cabe lembrar que Brasília, a capital do país, foi construída em áreas de cerrado.

Um pouco mais sobre

Fogo amigo

Leia o texto a seguir sobre as queimadas feitas intencionalmente pelos indígenas xavantes.

Fogo do bem

O que você pensaria se descobrisse que os indígenas do povo Xavante colocam fogo todos os anos em enormes áreas de vegetação de suas terras? Ao saber disso, muita gente logo pensa que a prática pode causar danos à natureza. Mas cientistas têm mostrado que a queimada provocada pelos índios no cerrado, na região central do país, está, na verdade, ajudando a preservar a fauna e a flora.

Os índios xavantes usam o fogo há séculos para caçar – hábito conhecido como caçada de fogo. Nessas ocasiões, os jovens e os mais velhos da aldeia saem juntos para a mata e ateiam fogo na vegetação seca para espantar os animais. [...] essas queimadas são planejadas pelos mais velhos de modo que o fogo não se alastre sem controle, deixando as plantas vivas a salvo. Antes de iniciar uma caçada de fogo, eles prestam muita atenção na vegetação, no vento e na época do ano. [...]

"O fogo dos xavantes faz uma verdadeira limpeza na vegetação"[...]. "As chamas consomem as folhas secas que vão se acumulando no solo e isso é muito importante porque essas folhas são um verdadeiro combustível que pode gerar grandes incêndios fora de controle se atingidas por fagulhas, como as provocadas pela queda de um raio". [...]

Mas não fique pensando que o fogo é bom para qualquer vegetação [...] – na Floresta Amazônica, por exemplo, o fogo é muito destrutivo.

Sofia Moutinho. *Ciência Hoje das Crianças*, 15 jul. 2014. Disponível em: <http://chc.org.br/fogo-do-bem>. Acesso em: abr. 2019.

1 Que cuidado os xavantes têm ao fazer as queimadas?

_____

_____

2 Justifique o título do texto.

_____

_____

_____

Atividades

1. **Caatinga** é uma palavra de origem tupi e significa "mata branca". Justifique o nome associando o significado às características da paisagem.

   _____
   _____
   _____

2. Explique as características de algumas plantas da caatinga que estão adaptadas à escassez de água.

   _____
   _____
   _____

3. Observe a fotografia. Que formação vegetal ela retrata? Como você chegou a essa conclusão?

   ▶ Parque Nacional das Emas, Goiás, 2014.

   _____
   _____
   _____

4 Que atividades humanas estão comprometendo o equilíbrio ambiental da caatinga?

_____

_____

5 O que está sendo criticado na tira?

> CAFÉ DO CERRADO
> CANA-DE-AÇÚCAR DO CERRADO
> SOJA DO CERRADO
> É... NO CERRADO SÓ ESTÁ FALTANDO CERRADO MESMO...
>
> ALVES. Cerrado em Quadrinhos. São Paulo: Nemo, 2015. p.22.

_____

6 As áreas de cerrado são as que mais têm sofrido transformações. Por quê?

_____

_____

7 Represente com desenhos em uma folha avulsa a paisagem do cerrado e da caatinga. Depois escreva uma frase destacando uma característica de cada um desses tipos de vegetação.

8 Que povo indígena foi citado neste capítulo e qual é a importância dele para a natureza?

_____

_____

9 Como é possível a prática da agropecuária no cerrado, mesmo o solo da região sendo pobre em nutrientes?

_____

_____

_____

Campos

O **campo** é uma formação vegetal rasteira, composta de gramíneas, arbustos e pequenas árvores isoladas.

No Brasil, encontramos essa vegetação nos estados da Região Sul, além de Mato Grosso do Sul, Minas Gerais, Pará e Amapá.

No sul do Brasil, especialmente no estado do Rio Grande do Sul, essa formação vegetal recebe o nome de **campos limpos** ou **pampas**, palavra de origem indígena que significa "região plana", pois o relevo é levemente ondulado e composto de pequenas colinas (coxilhas).

▶ Vegetação de campos limpos. São Borja, Rio Grande do Sul, 2017.

As características do relevo e da vegetação, aliadas ao solo relativamente fértil, favoreceram o desenvolvimento da pecuária extensiva e do cultivo de soja e trigo.

O pisoteio constante do gado, as queimadas e a prática da monocultura contribuem para a degradação do solo. O cultivo repetido, ano após ano, geralmente leva o solo a um processo erosivo e, consequentemente, à perda da capacidade de retenção de água. A área assume aparência e características de regiões de clima árido, com a formação de grandes areais.

▶ Areal formado pelo desgaste do solo em área de cultivo de monocultura. Manoel Viana, Rio Grande do Sul, 2016.

Atividades

1 Observe a sequência de imagens a seguir e responda: qual formação vegetal é representada? Que problemas ambientais ela enfrenta?

_____
_____
_____
_____
_____
_____
_____
_____
_____

Ilustrações: Leonardo Conceição

2 Pesquise e responda: Quais são a localização, as características e a exploração econômica do Campo?

_____
_____
_____
_____
_____

3 Reúna-se com um colega e, com base no que foi estudado sobre os campos sulinos, escrevam no caderno um texto sobre os problemas ambientais que essa formação vegetal enfrenta. Sugiram uma solução para eles.

153

Como eu vejo
Animais em extinção

As ações do ser humano na natureza causam diversos impactos ao meio ambiente. Um deles é o risco de extinção de alguns animais, resultado do desmatamento, da expansão da agropecuária, do crescimento das cidades e da caça e do tráfico de animais silvestres.

Como você estudou, no Brasil, as vegetações são diversas e os animais que habitam cada uma delas também são muito diferentes.

BRASIL: VEGETAÇÃO ATUAL — 2010

- Área devastada

Formações florestais
- Floresta Amazônica
- Mata dos Cocais
- Mata Atlântica
- Mata de Araucárias

Formações arbustivas e campestres
- Caatinga
- Cerrado
- Campos
- Campinarana

Outras formações
- Complexo do Pantanal
- Vegetação litorânea

Ararajuba
É uma espécie de ave da Floresta Amazônica que, por causa de sua plumagem amarela, é muito visada pelo tráfico ilegal de animais. A destruição das florestas também é inimiga de sua sobrevivência.

Onça-pintada
A onça-pintada tornou-se um símbolo do Pantanal. A caça, o desmatamento e a expansão da agropecuária são alguns dos fatores que a colocam em risco de extinção.

Lobo-guará
O lobo-guará pode ser encontrado nas áreas de cerrado e nos campos, nos quais o risco de extinção desse animal é maior. O principal fator que ameaça a espécie é o desmatamento, que está reduzindo cada dia mais suas áreas de hábitat.

Fonte do mapa: Gisele Girardi e Jussara Vaz Rosa. *Atlas geográfico do estudante.* São Paulo: FTD, 2011. p. 26.
Fonte das informações: <www.ebc.com.br/animaisemextincao>. Acesso em: abr. 2019.

Ararinha-azul

A ararinha-azul é uma das espécies mais ameaçadas de extinção, não só no Brasil. O tráfico de animais silvestres e a perda de hábitat pelo desmatamento da caatinga são as principais causas do risco de extinção dessa ave.

Tatu-bola

A caça e a alteração de hábitat por causa da urbanização do cerrado são os principais fatores do risco de extinção do tatu-bola. Diferentemente de outros tipos de tatu, essa espécie não cava buracos. Então, quando ameaçado, ele pode apenas correr ou enrolar-se em formato de bola para fugir ou se esconder.

Macaco-prego-galego

No caso do macaco-prego-galego, o ser humano é o principal responsável pelo risco de extinção da espécie, já que ela sofre as consequências diretas do desmatamento, do desenvolvimento agrícola e da expansão urbana na Mata Atlântica.

1. De que forma o ser humano interfere no ambiente e prejudica o hábitat dos animais?
2. Converse com os colegas e o professor e listem algumas medidas que favoreçam a preservação das espécies.

Como eu transformo

Cuidando do verde, preservando a vida!

Arte · História · Matemática · Língua Portuguesa

O que vamos fazer?
Um painel para informar quais áreas verdes da região merecem atenção e cuidado.

Para que fazer?
Para descobrir informações acerca da vegetação local e pensar em estratégias que ajudem a preservá-la.

Com quem fazer?
Com os colegas, o professor e as pessoas que cuidam da preservação dos ambientes na região.

Como fazer?

1. Você conhece alguma área verde da região onde mora? Compartilhe com os colegas e o professor as informações que tem acerca desse local.

2. Reúna-se com dois colegas para pesquisar informações e imagens do local que ficou sob responsabilidade de seu grupo. Se possível, utilizem imagens de satélite.

3. Elaborem um pequeno texto com as informações coletadas. Pensem em possíveis ações para preservação ou melhoria desse ambiente e compartilhem-nas com os colegas.

4. Ajudem o professor a elaborar um convite para as pessoas da região que se preocupam com a preservação dos ambientes naturais e para os responsáveis legais por esse local.

5. No dia marcado, conversem com os convidados sobre esse tema.

6. Após o bate-papo, analisem a situação e respondam: Vocês acrescentariam alguma nova ação ao plano criado anteriormente com o objetivo de preservar e melhorar os ambientes? Compartilhem sua opinião com os colegas.

7. Ajude seu grupo a montar o painel informativo e, juntos, decidam o melhor local para afixá-lo.

> Você cuida dos ambientes naturais que frequenta? Por quê?

Hora da leitura

Vamos cantar!

Leia os trechos da canção a seguir e, se possível, escute-a com os colegas e o professor.

Papagaio Reginaldo

Havia um papagaio que chamava Reginaldo
Com uma vida natural
No meio do pantanal
[...]
Mas um dia Reginaldo conheceu um novo bicho
Que surgiu tão de repente
Meio feio e esquisito,
Pois andava em duas patas
Tinha boca sem ter bico.
[...]
Reginaldo viu que o homem era sem educação,
Pois cortou a sua árvore sem nenhuma explicação.
E cortou aquele galho, nem ligou que tinha um ninho
O seu ninho bonitinho, feito com o maior carinho.
[...]
Reginaldo ali sozinho, bem quietinho ele chorou
Tudo tinha se perdido, o seu mundo acabou
Sentado numa pedra, um barulho ele escutou
Quando viu já era tarde, era cocô que desabava
De um bumbum de boi malhado que agora ali pastava. [...]

Palavra Cantada. *Papagaio Reginaldo*. Disponível em: <www.letras.mus.br/palavra-cantada/papagaio-reginaldo>. Acesso em: abr. 2019.

1 A canção conta a história de um papagaio cujo ninho foi destruído. Por que isso aconteceu?

_____

2 A letra da canção cita uma das razões do desmatamento. Qual?

_____

_____

3 Vamos criar um final feliz para a história de Reginaldo? Escreva no caderno um trecho da música contando o que aconteceu com o papagaio.

Revendo o que aprendi

1 O que é regionalizar?

_____

2 Observe as fotografias e faça o que se pede.

▶ Arroio do Sal, Rio Grande do Sul, 2015.

▶ São José dos Ausentes, Rio Grande do Sul, 2017.

a) Identifique as formas de relevo retratadas.
b) Marque um **X** na fotografia que mostra a forma de relevo predominante no Brasil.
c) Responda: O que diferencia essas duas formas de relevo?

_____

_____

_____

3 Explique a relação entre os rios e o relevo e dê um exemplo dela.

_____

_____

_____

4 O que é uma bacia hidrográfica?

_____

_____

5 Observe a tira e depois responda às questões.

a) Que formação vegetal está destacada na tira? _____

b) Quais são as características dessa formação vegetal?

_____

_____

6 Identifique o tipo de formação vegetal representado em cada fotografia e relacione-o com as informações a seguir.

▶ 1 Alto Paraíso de Goiás, Goiás, 2016.

▶ 2 Santarém, Pará, 2017.

▶ 3 Ilha Grande, Piauí, 2014.

▶ 4 São José dos Ausentes, Rio Grande do Sul, 2016.

☐ Floresta Amazônica.

☐ Cerrado.

☐ Mata dos cocais.

☐ Campos.

☐ Região Norte do Brasil.

☐ Sul do Brasil, relevo levemente ondulado com coxilhas (pequenas colinas).

☐ Predomínio de palmeiras como o babaçu e a carnaúba.

☐ Porção central do Brasil.

☐ Mata de igapó.

☐ No Maranhão e Piauí.

☐ Duas estações distintas: uma seca e outra chuvosa.

159

Nesta unidade vimos

- Uma região é formada por áreas com características que a diferem das áreas ao redor. De acordo com o IBGE, existem cinco regiões brasileiras: Norte, Nordeste, Centro-Oeste, Sudeste e Sul, cada qual com características específicas.

▶ O critério econômico pode ser usado para a regionalização, como vimos na página 129.

- Na natureza, todos os elementos estão interligados. A combinação do tipo de solo, relevo, hidrografia, clima e vegetação produz diferentes paisagens. O Brasil, devido a sua grande extensão territorial, tem relevo diversificado (planaltos, planícies e depressões), muitos rios e variedade de clima e vegetação.

▶ Os rios modelam as formas de relevo, como observado na página 134.

- Em muitas áreas do país já não há mais a vegetação original, que foi destruída principalmente por causa das queimadas e do desmatamento, para cultivo e criação de gado, e do crescimento das cidades.

▶ As queimadas colocam em risco o equilíbrio da natureza, como visto na página 145.

Para finalizar, responda:
- Por que é importante regionalizar o território de um país?
- Quais são as três principais formações do relevo brasileiro?
- Por que a Mata Atlântica é uma das formações vegetais mais devastadas do Brasil?

Para ir mais longe

Livros

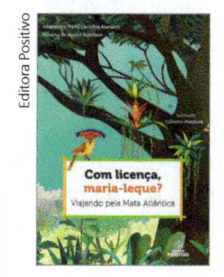

- **Com licença, maria-leque? Viajando pela Mata Atlântica**, de Alessandra Maria Cavichia Atanazio e Janaína de Araújo Bumbeer. Curitiba: Positivo, 2015.

  Maria-leque é uma ave característica da Mata Atlântica. Nesse livro, ela apresenta essa floresta tropical para o leitor destacando aspectos das paisagens e também da história e cultura dos povos que vivem na região.

- **Viagem ecológica à Amazônia**, de Arlette Piai. São Paulo: Cortez, 2011.

  Informações sobre a Amazônia, os habitantes nativos, as lendas e as tradições locais.

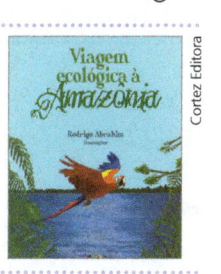

- **Nina no Cerrado**, de Nina Nazário. São Paulo: Oficina de Textos, 2006.

  Por meio de versos de cordel, o livro conta a história de transformação do cerrado nas épocas de chuva, seca e incêndio, até o reinício do ciclo natural.

- **Nina na Mata Atlântica**, de Nina Nazário. São Paulo: Oficina de Textos, 2009.

  Acompanhe Nina em uma aventura por uma das paisagens mais bonitas e devastadas do Brasil: a Mata Atlântica.

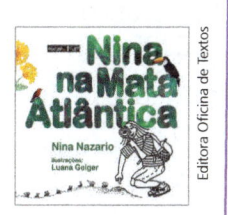

Filme

- **BRichos – a floresta é nossa**. Direção de Paulo Munhoz. Brasil: Signopus, 2012, 83 min.

  Os habitantes da Vila dos Brichos precisam decidir o futuro da cidade, que está ameaçada de perder sua floresta para investidores terroristas internacionais. Armados de coragem, inteligência e bom humor, os animais encaram o desafio.

Site

- **WWF:** <www.wwf.org.br/natureza_brasileira/questoes_ambientais/biomas>. Conheça nesse *site* aspectos da biodiversidade brasileira.

Referências

ALMEIDA, Rosângela Doin de. *Do desenho ao mapa:* iniciação cartográfica na escola. São Paulo: Contexto, 2010.

_____ (Org.). *Cartografia escolar*. São Paulo: Contexto, 2010.

_____ (Org.). *Novos rumos da Cartografia escolar:* currículo, linguagem e tecnologia. São Paulo: Contexto, 2011.

_____; PASSINI, Elza Y. *O espaço geográfico:* ensino e representação. São Paulo: Contexto, 2002.

ATLAS geográfico escolar. 7. ed. Rio de Janeiro: IBGE, 2016.

BRASIL. Ministério da Educação. *Base Nacional Comum Curricular*. Disponível em: <http://basenacionalcomum.mec.gov.br/images/BNCC_EI_EF_110518_versaofinal_site.pdf>. Acesso em: abr. 2019.

CARLOS, Ana Fani. *Novos caminhos da Geografia*. São Paulo: Contexto, 2002.

_____. *O lugar no/do mundo*. São Paulo: Labur Edições, 2007.

_____ (Org.). *A Geografia na sala de aula*. São Paulo: Contexto, 2010.

CASTELLAR, S.; CAVALCANTI, L.; CALLAI, H. (Org.). *Didática da Geografia:* aportes teóricos e metodológicos. São Paulo: Xamã, 2012.

_____ (Org.). *Educação geográfica:* teorias e práticas docentes. São Paulo: Contexto, 2010.

CASTRO, Iná (Org.). *Geografia:* conceitos e temas. Rio de Janeiro: Bertrand Brasil, 2010.

CASTROGIOVANI, A. C. *Geografia em sala de aula:* práticas e reflexões. Porto Alegre: UFRGS-AGB, 1999.

_____ (Org.). *Ensino de Geografia:* práticas e textualizações no cotidiano. Porto Alegre: Mediação, 2008.

CAVALCANTE, Lana de Souza. *O ensino de Geografia na escola*. Campinas: Papirus, 2012.

GIOMETTI, Analúcia B. R.; PITTON, Sandra E. C.; ORTIGOZA, Silvia A. G. *Leitura do espaço geográfico através das categorias:* lugar, paisagem e território. Unesp; Univesp, 2012. Disponível em: <www.acervodigital.unesp.br/bitstream/123456789/47175/1/u1_d22_v9_t02.pdf>. Acesso em: abr. 2019.

GODOY, Paulo Roberto Teixeira de (Org.). *História do pensamento geográfico e epistemologia em Geografia*. São Paulo: Cultura Acadêmica, 2010.

IBGE. *Cidades*. Disponível em: <https://cidades.ibge.gov.br/>. Acesso em: abr. 2019.

IBGE. *Noções básicas de Cartografia*. Rio de Janeiro, 1998. Disponível em: <https://biblioteca.ibge.gov.br/visualizacao/monografias/GEBIS%20-%20RJ/ManuaisdeGeociencias/Nocoes%20basicas%20de%20cartografia.pdf>. Acesso em: abr. 2019.

JOLY, Fernand. *A Cartografia*. Campinas: Papirus, 1990.

KATUTA, Ângela Massumi et al. *(Geo)grafando o território:* a mídia impressa no ensino de Geografia. São Paulo: Expressão Popular, 2009.

OLIVEIRA, Lívia de. Estudo metodológico e cognitivo do mapa. In: ALMEIDA, Rosângela Doin de (Org.). *Cartografia escolar*. São Paulo: Contexto, 2010.

PASSINI, Elza Yasuko. *Prática de ensino de Geografia e estágio supervisionado*. São Paulo: Contexto, 2007.

PONTUSCHKA, Nídia Nacib; PAGANELLI, Tomoko Iyda; CACETE, Núria Hanglei. *Para ensinar e aprender Geografia*. São Paulo: Cortez, 2007.

_____; OLIVEIRA, Ariovaldo Umbelino (Org.). *Geografia em perspectiva*. São Paulo: Contexto, 2002.

SANTOS, Milton. *Pensando o espaço do homem*. São Paulo: Edusp, 2007.

SIMIELLI, Maria Elena. *Primeiros mapas:* como entender e construir. São Paulo: Ática, 2010.

STRAFORINI, Rafael. *Ensinar Geografia:* o desafio da totalidade-mundo nas séries iniciais. São Paulo: Annablume, 2006.

VESENTINI, José W. (Org.) *Ensino de Geografia para o século XXI*. Campinas: Papirus, 2005.

Atividades para casa

Unidade 1

1 Considerando a imagem, pinte de amarelo a porção do planeta Terra onde é dia.

2 Observe na imagem o movimento aparente do Sol e faça o que se pede.
a) Escreva nos locais indicados pelas setas as direções norte, sul, leste e oeste.
b) Pinte a imagem.

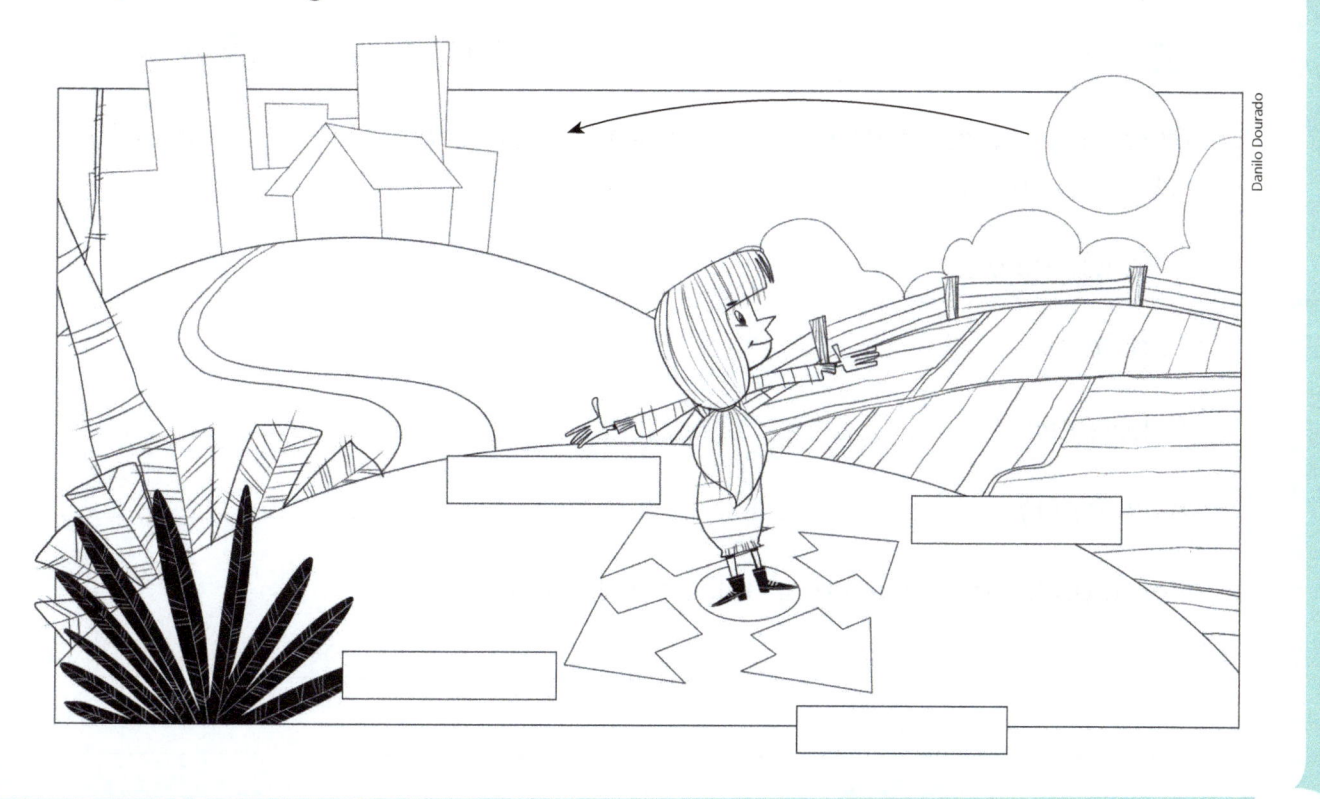

3 Considerando a praça como referência, pinte os elementos da imagem de acordo com a legenda.

Legenda

🟩 Norte   🟨 Sul   🟧 Leste   🟦 Oeste

4 Observe a imagem anterior e escreva em que direção os itens a seguir estão em relação à praça.

a) lanchonete: _____

b) prédios: _____

c) hospital: _____

d) *shopping*: _____

5 Como podemos nos orientar utilizando a bússola?

_____

_____

6 Complete o diagrama de palavras.

1. É o nosso planeta.
2. Os continentes são terras _____.
3. É o maior oceano.
4. Ficam no espaço celeste.
5. É um continente.
6. São porções de terra cercadas de água.
7. São grandes porções de massa líquida que separam os continentes.
8. Oceano localizado ao sul da Ásia.
9. Oceano localizado a leste da América.
10. É o nosso continente.
11. Cada metade de uma esfera.

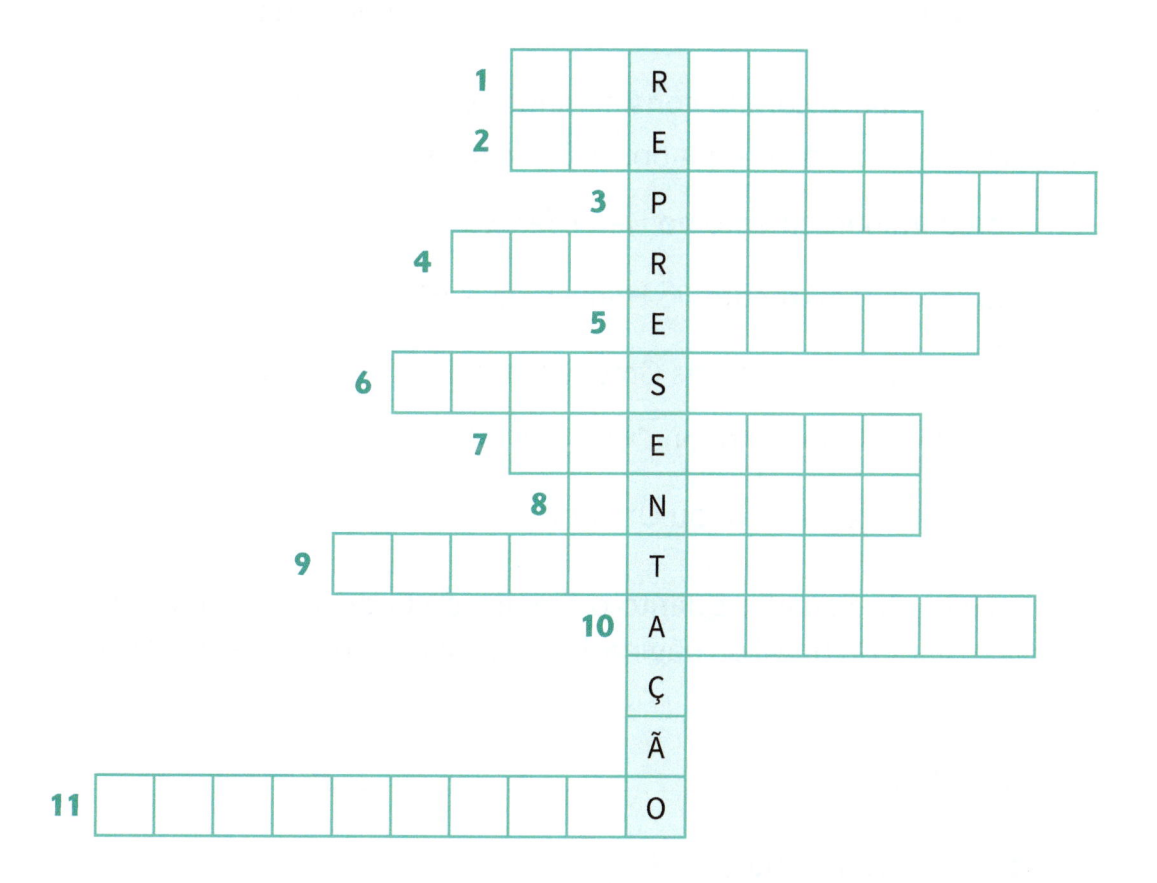

7 Complete o quadro comparativo sobre o planisfério e o globo terrestre.

GLOBO TERRESTRE	PLANISFÉRIO

8 Assinale a resposta correta.

a) Linhas imaginárias que circundam a esfera terrestre no sentido leste-oeste.

☐ meridianos ☐ paralelos

b) Linhas imaginárias que cruzam a Terra no sentido norte-sul.

☐ meridianos ☐ paralelos

9 Marque a alternativa correta considerando os hemisférios terrestres.

a) Em relação à Linha do Equador, o Brasil localiza-se:

☐ predominantemente no Hemisfério Sul.

☐ predominantemente no Hemisfério Norte.

b) Em relação ao Meridiano de Greenwich, o Brasil localiza-se:

☐ no Hemisfério Oeste ou Ocidental.

☐ no Hemisfério Leste ou Oriental.

10 Tanto a Linha do Equador quanto o Trópico de Capricórnio cortam nosso país. Observe o mapa do Brasil da página 36 e escreva o nome dos estados pelos quais eles passam.

a) Linha do Equador _____

b) Trópico de Capricórnio _____

11 Escreva o nome das linhas paralelas que têm denominações especiais.

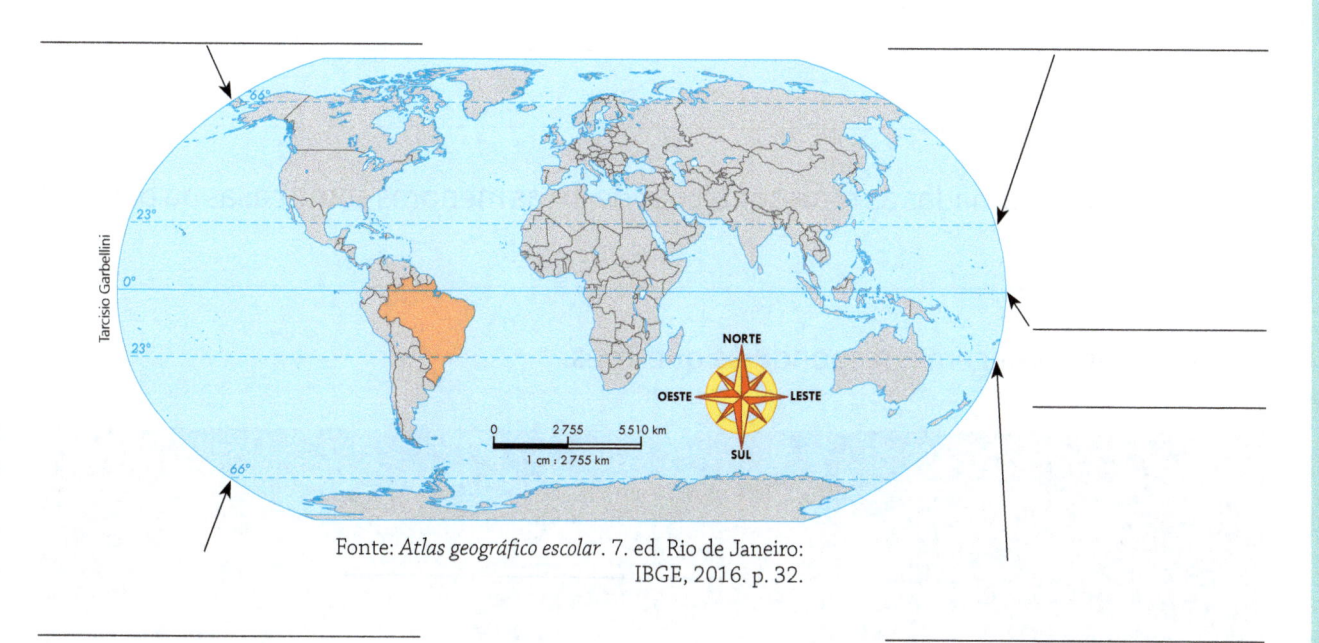

_____   _____

_____   _____

_____   _____

Fonte: *Atlas geográfico escolar*. 7. ed. Rio de Janeiro: IBGE, 2016. p. 32.

12 No mapa a seguir escreva nos traços correspondentes os nomes:
   a) da linha do Equador e do Meridiano de Greenwich;
   b) dos hemisférios Norte, Sul, Leste e Oeste.

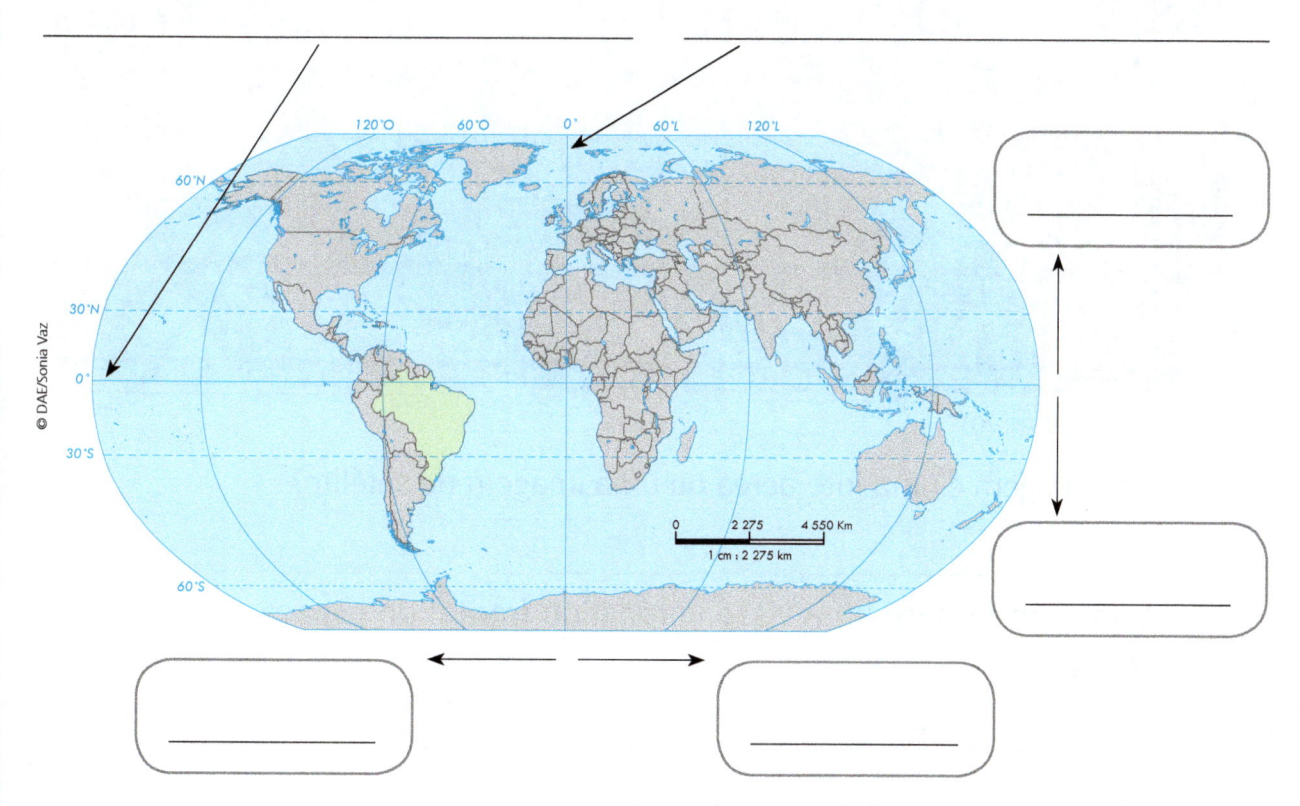

_____

Fonte: *Atlas geográfico escolar*. 7. ed. Rio de Janeiro: IBGE, 2016. p. 32.

13 O que são mapas?

_____

_____

14 Como são chamadas as representações de áreas menores como casas ou bairros?

_____

15 Observe a imagem e responda às questões.

▶ Brasília, Distrito Federal, 2017.

a) Esta imagem é uma foto aérea ou uma imagem de satélite?

_____

b) A imagem fornece uma visão vertical ou frontal do espaço apresentado? Explique.

_____

_____

16 Escreva a importância de cada elemento que compõe um mapa.

a) escala

_____

_____

b) legenda

_____

_____

c) orientação

_____

_____

d) título

_____

_____

_____

17 Considere as características e escreva o nome dos tipos de mapa mencionados.

a) Representam aspectos naturais, como relevo, clima, hidrografia, entre outras características naturais de um espaço.

_____

b) Utilizados para representar uma grande variedade de informações como sistemas de transportes, atividades econômicas e população.

_____

c) Representam as fronteiras e os limites entre países, estados, municípios, bairros etc.

_____

18 Observe o mapa e faça o que se pede.

1. _____
2. _____
3. _____
4. _____
5. _____
6. _____
7. _____
8. _____
9. _____
10. _____
11. _____
12. _____
13. _____

Fonte: *Atlas geográfico escolar*. 7. ed. Rio de Janeiro: IBGE, 2016. p. 41.

a) Complete a legenda com o nome dos países de acordo com a indicação dos números no mapa.
b) Pinte o Brasil de verde.
c) Pinte de amarelo os territórios que fazem fronteira com o Brasil.
d) Pinte de vermelho os territórios que não fazem fronteira com o Brasil.

19 Com que oceano o Brasil faz fronteira marítima?

_____

20 Como o Brasil está dividido politicamente?

_____

21 Complete os quadros comparativos para explicar a diferença entre os termos.

LIMITE	FRONTEIRA

FRONTEIRA TERRESTRE	FRONTEIRA MARÍTIMA

22 No mapa do Brasil:
a) pinte o estado onde você vive;
b) escreva o nome dos estados que fazem fronteira com o seu.

Brasil: político

Fonte: *Atlas geográfico escolar*. 7. ed. Rio de Janeiro: IBGE, 2016. p. 90.

Unidade 2

1. Complete as palavras com as letras que faltam para formar o nome das áreas indicadas.

   a) Cada unidade política em que o Brasil está dividido.

   E ⬜⬜⬜⬜⬜⬜⬜.

   b) Unidade política e administrativa de um estado.

   M ⬜⬜⬜⬜⬜⬜⬜⬜⬜.

2. Encontre no diagrama o nome de algumas atividades econômicas. Depois, escreva-as no quadro.

S	P	A	G	R	I	C	U	L	T	U	R	A	W	G
E	L	A	H	Ç	A	L	R	T	R	D	V	X	T	U
R	R	E	X	T	R	A	T	I	V	I	S	M	O	D
V	F	Z	U	T	X	H	Ç	K	T	E	T	R	Ç	C
I	X	I	N	P	Ú	S	L	F	I	H	R	T	J	O
Ç	Ç	D	E	A	T	R	R	I	V	C	S	L	Q	M
O	T	V	P	E	C	U	Á	R	I	A	K	R	U	É
S	B	H	A	Y	M	L	S	C	S	Ç	E	Á	N	R
T	C	O	Ç	I	É	X	T	S	M	Q	I	Z	B	C
Z	A	B	T	Y	R	V	I	W	O	S	T	X	C	I
A	U	Q	G	U	R	Ç	D	Ú	U	S	H	I	R	O
R	Q	I	N	D	Ú	S	T	R	I	A	Z	T	R	A

ATIVIDADES QUE PREDOMINAM NAS ÁREAS URBANAS	ATIVIDADES QUE PREDOMINAM NAS ÁREAS RURAIS

172

3 Complete as frases.

a) Na grande maioria dos municípios há um espaço _____ e outro _____.

b) Os limites marcam a separação entre os _____.

4 Das imagens a seguir, qual representa uma paisagem rural? Por quê?

A

B

_____

_____

5 Você mora em uma área rural ou urbana? Em que município ela se localiza?

_____

6 Identifique as atividades econômicas representadas nas imagens.

_____ _____

_____ _____

7 Explique como são feitas as atividades a seguir.

a) agricultura:

_____

_____

b) pecuária:

_____

_____

c) extrativismo:

_____

_____

8 Diferencie **monocultura** de **policultura**.

_____

_____

9 Complete o quadro com exemplos de produtos do extrativismo.

ANIMAL	VEGETAL	MINERAL

10 Encontre o caminho da matéria-prima até os produtos que são feitos dela.

11 Escreva exemplos de atividades relacionadas:

a) ao comércio;

_____

_____

b) à prestação de serviços.

_____

_____

12 Observe a sequência de imagens e faça o que se pede.

a) Que atividade econômica foi representada no quadro:

 ◆ 1? _____

 ◆ 2? _____

 ◆ 3? _____

b) Escreva o nome:

 ◆ da matéria-prima utilizada; _____

 ◆ do produto final. _____

176

13 O que são agroindústrias? Cite um exemplo.

_____

_____

_____

14 Desenhe um produto consumido por sua família cuja matéria-prima principal tenha sido:

a) leite

b) trigo

15 Explique a importância da atividade industrial.

_____
_____
_____

16 Observe a imagem e responda: Ela representa as ligações entre o campo e a cidade? Por quê?

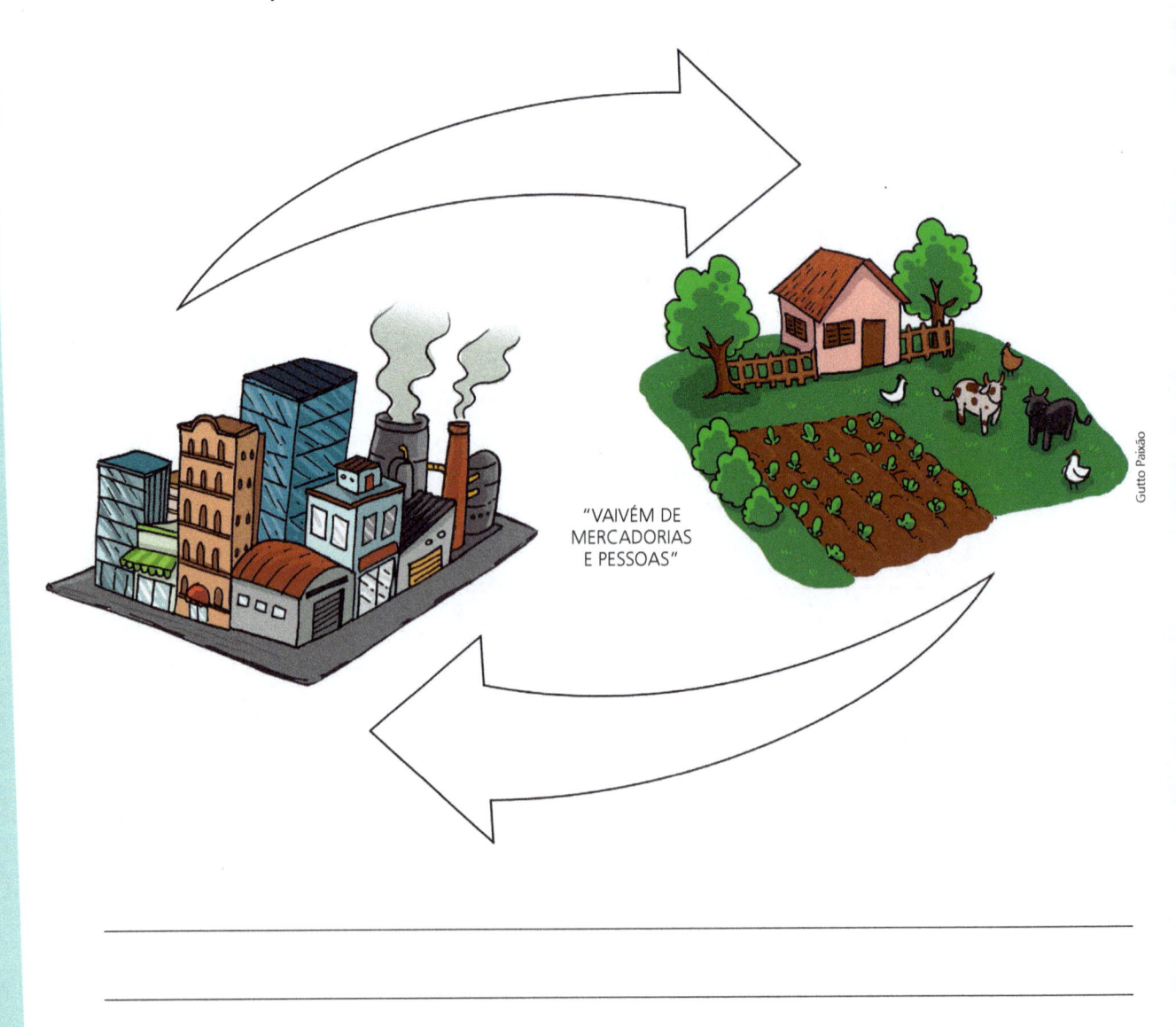

"VAIVÉM DE MERCADORIAS E PESSOAS"

_____
_____
_____

17 Na imagem da atividade anterior, escreva dentro da seta correspondente o nome de produtos que são originados no campo; na outra seta, escreva o nome de produtos que são originados na cidade.

18 Classifique as frases em verdadeiras (**V**) ou falsas (**F**).

☐ O campo produz tudo de que os moradores necessitam para trabalhar e viver.

☐ O turismo rural consiste na prestação de serviços de atividades de lazer.

☐ É grande o deslocamento de pessoas entre as áreas rurais e urbanas.

☐ As matérias-primas utilizadas nas indústrias urbanas vêm das áreas rurais.

☐ Os trabalhadores rurais moram apenas no campo.

☐ Nas cidades estão localizados serviços bancários, médicos e universidades.

19 Corrija as frases falsas da atividade 18 e explique qual é a informação errada.

_____
_____
_____
_____

20 As imagens a seguir indicam situações de vaivém entre o espaço rural e o urbano? Por quê?

▶ Turistas urbanos caminham em paisagem rural. São João Batista do Glória, Minas Gerais, 2015.

▶ Transporte escolar de estudantes rurais para escola em área urbana. Santaluz, Bahia, 2018.

_____
_____
_____

Unidade 3

1 Identifique a qual tipo de via de transporte cada frase faz referência.

a) Pode ter pista simples ou dupla, ser asfaltada ou não.

_____

b) O transporte é feito sobre trilhos. _____

c) O transporte é feito por rios, lagos e mares. _____

d) É a principal via de transporte no Brasil. _____

e) Transporta matéria-prima, produtos e pessoas.

_____

2 Observe a imagem e responda às questões.

▶ São Sebastião, São Paulo, 2017.

a) Que meio de transporte é esse?
_____

b) Por onde ele circula?
_____

c) Cite uma vantagem desse tipo de transporte.
_____
_____

d) Cite uma desvantagem desse tipo de transporte.
_____
_____

3 Desenhe um meio de transporte adequado a cada tipo de via.

a) rodovia

b) ferrovia

c) hidrovia

4 Em 2018, uma greve de caminhoneiros provocou o desabastecimento de alimentos no mercado e a falta de combustível nos postos das cidades. Na zona rural, muitos produtos estragaram e houve falta de medicamentos. Explique a relação entre essa greve e os problemas que surgiram no espaço urbano e no espaço rural.

___

5 Relacione dois problemas enfrentados pelos caminhoneiros no transporte rodoviário do Brasil e sugira soluções para esses problemas.

___

6 Qual é a relação entre o espaço rural e o espaço urbano?

___

7 Nas frases a seguir, identifique se a pessoa é **emigrante** ou **imigrante**.

a) Paula vai estudar em Londres.

___

b) Pablo é mexicano e foi contratado por um time paulista para jogar futebol no Brasil.

___

8 Cite alguns motivos que levam uma pessoa a migrar.

_____

_____

_____

9 Diferencie migração interna de migração externa.

_____

_____

_____

10 Pinte de verde os quadrinhos referentes à migração interna e de amarelo aqueles referentes à migração externa.

☐ De São Paulo para o Amazonas.

☐ Do Brasil para a Alemanha.

☐ Do espaço rural para o urbano.

☐ Do espaço urbano para o rural.

11 O que é **miscigenação** e como ela é percebida na população brasileira?

_____

_____

_____

12 De quais povos os brasileiros descendem?

_____

_____

_____

13 Escreva no quadro de qual povo herdamos diferentes costumes, vocabulários e hábitos alimentares.

CASA ENXAIMEL		TOMAR BANHO DE RIO	
SAMBA		DORMIR EM REDE	
CESTARIA		CAPOEIRA	
POLENTA		QUIBE	
ACARAJÉ		MANDIOCA	
MARACATU		CHUCRUTE	
PIZZA		A PALAVRA "CAFUNÉ"	
A PALAVRA "PERERECA"		IDIOMA OFICIAL	

14 No exercício anterior, pinte o que é alimento de amarelo, o que é dança e música de azul e o que é costume de cor-de-rosa.

15 Por que podemos afirmar que a cultura brasileira é bem diversificada?

_____
_____
_____

16 Quais são os três poderes no Brasil e qual é a função de cada um deles?

_____
_____
_____
_____

17 Complete as frases.

a) O prefeito é a autoridade máxima do _____. Ele é eleito pelo povo por meio do _____ e governa por um período de _____ anos. Com o prefeito são eleitos os _____, que fazem parte do Poder _____.

b) O Poder Judiciário é formado por _____ cuja função é _____ se as leis estão sendo cumpridas.

18 Complete o esquema com os cargos correspondentes a cada um dos poderes nos níveis federal, estadual e municipal.

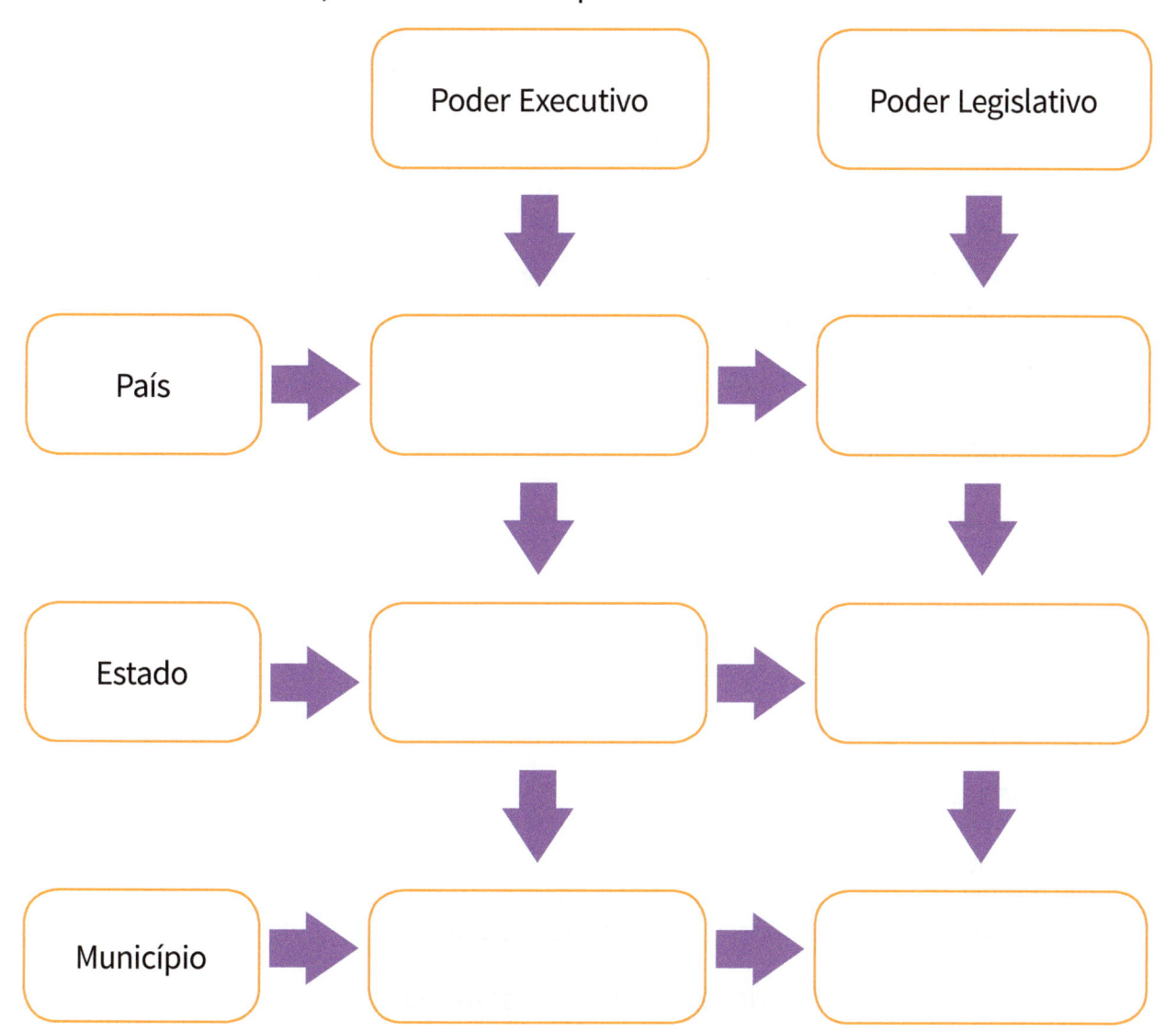

	Poder Executivo	Poder Legislativo
País		
Estado		
Município		

19 Escreva **P** se a frase se referir ao prefeito, **V** se fizer referência aos vereadores e **VP** se estiver relacionada com o vice-prefeito.

☐ Assume as funções do prefeito quando ele precisa se afastar do cargo.

☐ Aplica o dinheiro público em obras que trarão benefícios para a população.

☐ Propõem, discutem e aprovam as leis a serem aplicadas no município.

☐ Administra os recursos provenientes dos impostos.

☐ Verificam se estão sendo cumpridas as metas de governo.

20 O que são **impostos**? Pesquise e escreva o nome de algumas taxas e impostos cobrados pelo governo.

_____

_____

_____

_____

21 Assinale com **X** os itens em que devem ser empregados os impostos e as taxas pagos pela população dos municípios.

☐ pavimentação de ruas

☐ manutenção de parques e praças

☐ reforma da casa do prefeito

☐ limpeza pública

☐ escolas e creches

☐ postos de saúde

☐ saneamento básico

☐ propaganda eleitoral

☐ pagamento do salário dos funcionários públicos

☐ pagamento do salário de empregada doméstica

Unidade 4

1 Complete o texto.

_____ são partes que se distinguem umas das outras por ter características próprias. No território brasileiro há algumas áreas que apresentam características comuns como _____,

_____ e _____.

2 De acordo com o IBGE, quantas são as regiões brasileiras e quais são elas?

_____

3 Escolha cores diferentes e pinte no mapa do Brasil as regiões de acordo com o IBGE. Não se esqueça de criar uma legenda para o mapa.

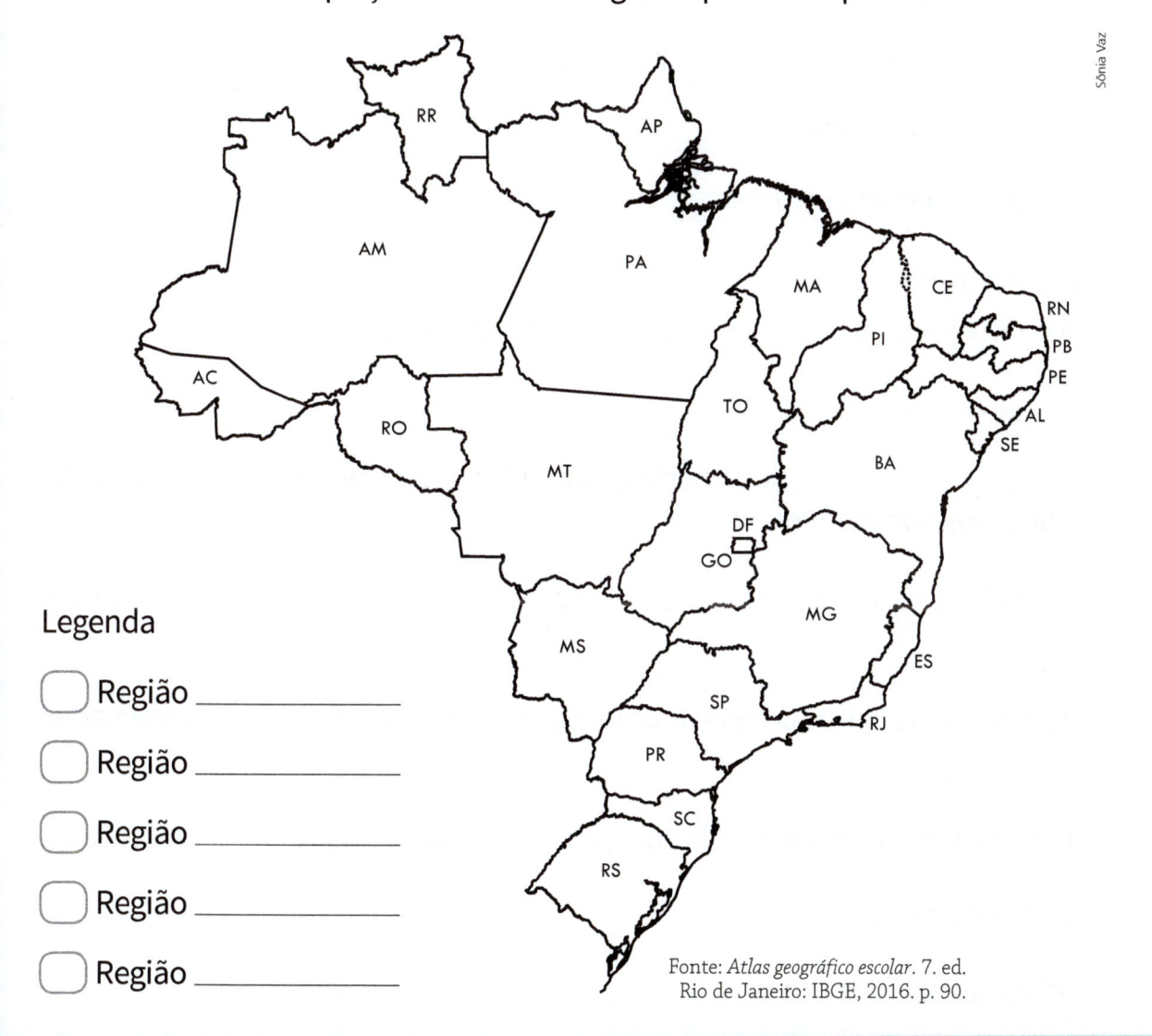

Legenda

◯ Região _____

◯ Região _____

◯ Região _____

◯ Região _____

◯ Região _____

Fonte: *Atlas geográfico escolar*. 7. ed. Rio de Janeiro: IBGE, 2016. p. 90.

4 Identifique em qual região está cada estado a seguir: escreva **N** para Região Norte, **NE** para Região Nordeste, **CO** para Região Centro-Oeste, **S** para Região Sul e **SE** para Região Sudeste.

☐ Pará ☐ Paraná

☐ Santa Catarina ☐ Bahia

☐ Goiás ☐ Espírito Santo

☐ Ceará ☐ Roraima

5 Utilize a mesma abreviatura da atividade anterior para identificar a região mencionada.

☐ É marcada pela ação do clima quente e seco.

☐ Apresenta as mais baixas temperaturas do país.

☐ Tem o menor número de habitantes.

☐ É a mais populosa.

☐ Não é banhada pelo mar.

6 Complete as frases.

a) As variações nas formas e altitudes da superfície terrestre compõem o _____.

b) _____ são superfícies irregulares constantemente desgastadas por processos erosivos.

c) Planícies são formadas pelo acúmulo de _____ e podem ser fluviais ou _____.

d) As áreas mais baixas do que as unidades de relevo vizinhas são denominadas _____.

e) O conjunto de terras banhadas por um rio principal e seus afluentes é chamado de _____.

f) Afluentes são rios que _____ em outros rios.

7 Observe as fotos e classifique os rios em **rio de planície** e **rio de planalto**.

a)

▶ Vista aérea do Rio Jaú no Parque Nacional do Jaú. Novo Airão, Amazonas, 2019.

b)

▶ Vista aérea do Rio Novo no Parque Estadual do Jalapão. Mateiros, Tocantins, 2018.

8 Qual dos rios das imagens da atividade anterior é o mais indicado para navegação? Justifique sua resposta.

9 Quais elementos naturais influenciam na formação vegetal?

10 O que é **mata ciliar** e qual é a importância dela para os rios?
_____
_____
_____
_____

11 Restam apenas 7% da vegetação original da Mata Atlântica. Cite os motivos da devastação dessa vegetação.
_____
_____
_____

12 As imagens a seguir mostram duas formações florestais brasileiras. Identifique-as.

a)

▶ São José dos Ausentes, Rio Grande do Sul, 2017.

_____

b)

▶ Nazária, Piauí, 2015.

_____

13 Complete os esquemas a seguir com as informações solicitadas.

Mata dos pinhais

- Localização
- Árvore predominante
- Principal problema

_____

- Localização
- Árvore predominante

  Formada por diferentes espécies de palmeira, como o babaçu e a carnaúba.

14 Assinale com **X** as alternativas corretas em relação à Floresta Amazônica.

☐ Floresta fechada, com árvores de grande porte.

☐ Localiza-se em região de clima quente e seco.

☐ Devido à umidade e à troca constante de folhas, está sempre verde.

☐ Abriga muitas espécies vegetais e animais.

☐ Queimadas, desmatamento e inundações para construção de hidrelétricas colocam em risco essa floresta.

☐ É formada por dois tipos de mata: mata de terra firme e mata de várzea.

15 Reescreva, corrigindo, as alternativas incorretas da atividade anterior.

_____

_____

_____

16 Utilizando as informações sobre características da Floresta Amazônica, desenhe essa floresta.

17 Encontre no diagrama de palavras o nome das vegetações descritas nos itens a seguir e circule-as com as cores indicadas.

🟨 Vegetação característica do Nordeste brasileiro.

🟫 Segunda maior formação vegetal do Brasil, ocupa uma extensa área na porção central do país.

🟩 Formação vegetal rasteira, composta de gramíneas, arbustos e pequenas árvores isoladas.

C	E	R	A	C	A	Z	O	N	O	C	A	M	P	E
A	A	C	R	R	E	P	C	A	A	T	I	N	G	A
T	B	A	U	C	A	R	I	E	M	T	E	N	C	U
I	R	M	T	R	R	H	R	N	L	H	I	A	M	P
N	E	P	L	I	R	C	A	A	T	I	N	G	O	L
G	N	O	A	S	S	U	C	I	D	P	T	I	N	G
A	T	S	N	I	C	C	A	M	E	O	M	P	O	J
S	E	R	R	E	D	I	O	P	I	N	H	A	L	S
T	I	Q	C	B	A	L	P	T	E	R	V	F	A	R
B	D	P	F	D	C	V	Q	R	I	U	P	O	L	J
O	D	P	S	Z	A	V	N	I	M	F	R	E	T	P
N	R	R	F	B	T	P	C	V	A	J	H	M	B	L
P	C	A	V	I	S	T	D	E	S	P	L	J	G	E

18 Por que algumas plantas da caatinga têm raízes longas e caules que armazenam água?

_____

_____

_____

_____

19 Quais são as características da vegetação do cerrado?

_____
_____
_____
_____

20 Que atividades humanas comprometem o equilíbrio ambiental do bioma Cerrado?

_____
_____

21 Onde é encontrada a vegetação de campos limpos ou pampas?

_____
_____

22 Que atividades humanas se desenvolvem na área de vegetação de campos limpos ou pampas?

_____
_____

23 Cite as agressões ambientais que a vegetação de campos limpos ou pampas tem sofrido.

_____
_____
_____
_____

Caderno de cartografia

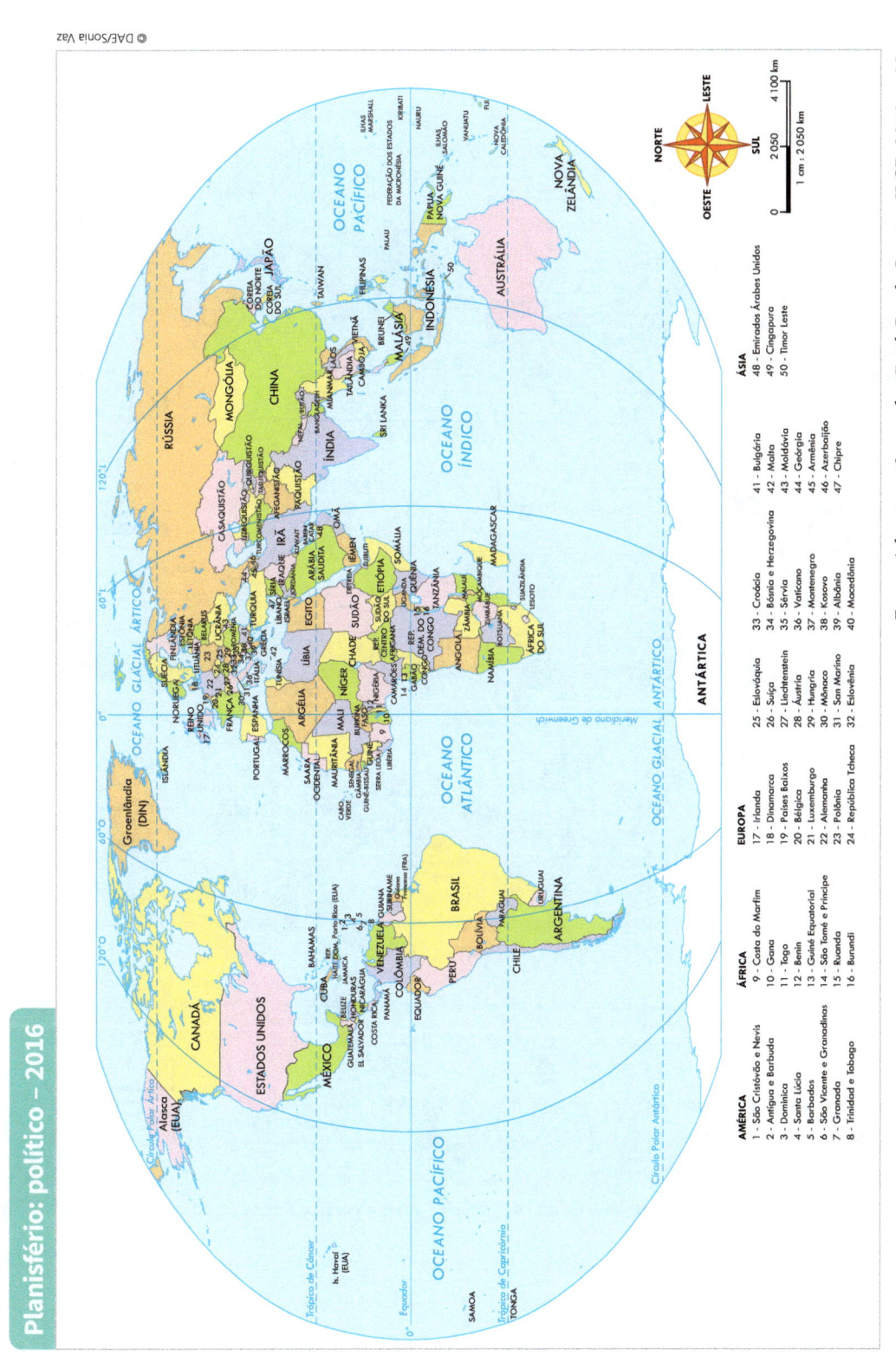

Planisfério: político – 2016

AMÉRICA
1 - São Cristóvão e Nevis
2 - Antígua e Barbuda
3 - Dominica
4 - Santa Lúcia
5 - Barbados
6 - São Vicente e Granadinas
7 - Granada
8 - Trinidad e Tobago

ÁFRICA
9 - Costa do Marfim
10 - Gana
11 - Togo
12 - Benin
13 - Guiné Equatorial
14 - São Tomé e Príncipe
15 - Ruanda
16 - Burundi

EUROPA
17 - Irlanda
18 - Dinamarca
19 - Países Baixos
20 - Bélgica
21 - Luxemburgo
22 - Alemanha
23 - Polônia
24 - República Tcheca
25 - Eslováquia
26 - Suíça
27 - Liechtenstein
28 - Áustria
29 - Hungria
30 - Mônaco
31 - San Marino
32 - Eslovênia
33 - Croácia
34 - Bósnia e Herzegovina
35 - Sérvia
36 - Vaticano
37 - Montenegro
38 - Kosovo
39 - Albânia
40 - Macedônia
41 - Bulgária
42 - Malta
43 - Moldávia
44 - Geórgia
45 - Armênia
46 - Azerbaijão
47 - Chipre

ÁSIA
48 - Emirados Árabes Unidos
49 - Cingapura
50 - Timor Leste

Fonte: *Atlas geográfico escolar*. 7. ed. Rio de Janeiro: IBGE, 2016. p. 32.

Brasil: portos, aeroportos e hidrovias – 2012

Legenda:

- ▫ Capital de país
- ▪ Capital de estado

Transporte
- Porto
- Aeroporto internacional
- Aeroporto regional

Hidrovia
- Rio
- Trechos navegáveis o ano todo
- Trechos navegáveis nas cheias

Escala: 1 cm : 260 km (0 – 260 – 520 km)

Fonte: Vera Caldini e Leda Ísola. *Atlas geográfico Saraiva*. 4. ed. São Paulo: Saraiva, 2013. p. 51.

Região Sul: político – 2016

Fonte: *Atlas geográfico escolar*. 7. ed. Rio de Janeiro: IBGE, 2016. p. 175-177.

Brasil: produção industrial – 2011

Capital de país
Capital de estado

Bens de produção
- ▲ Metalúrgica e siderúrgica
- ● Química
- ▮ Madeira
- ◆ Mecânica
- ■ Produtos de minerais não metálicos

Bens de consumo duráveis
- ▲ Material elétrico e de comunicações
- ● Material de transporte (aeroespacial, automobilístico, naval)
- ■ Mobiliário

Bens de consumo não duráveis
- ▲ Papel, papelão, editorial e gráfica
- ▮ Perfumaria, sabões e velas
- ■ Produtos alimentares e bebidas
- ◆ Produtos farmacêuticos e veterinários
- ● Têxtil, vestuário e calçados

Fonte: Vera Caldini e Leda Ísola. *Atlas geográfico Saraiva*. 4. ed. São Paulo: Saraiva, 2013. p. 52.

Brasil: terras indígenas – 2015

Terras indígenas
- Maiores que 500 000 ha
- Menores que 500 000 ha

Fonte: *Atlas geográfico escolar*. 7. ed. Rio de Janeiro: IBGE, 2016. p. 112.

Brasil: formas do relevo – 2013

Picos:
- Roraima 2 734 m
- Caburaí 1 456 m
- 31 de Março 2 974 m
- Neblina 2 995 m
- Monte Pascoal 536 m
- Bandeira 2 891 m
- Agulhas Negras 2 791 m

Legenda:
- Planalto
- Depressão
- Planície
- ▲ Pico

Escala: 0 — 280 — 560 km (1 cm : 280 km)

Fonte: Vera Caldini e Leda Ísola. *Atlas geográfico Saraiva*. 4. ed. São Paulo: Saraiva, 2013. p. 33.

Brasil: bacias hidrográficas – 2003

Legenda:
- Amazônica
- Tocantins/Araguaia
- Atlântico Nordeste Ocidental
- Parnaíba
- Atlântico Nordeste Oriental
- São Francisco
- Atlântico Leste
- Atlântico Sudeste
- Atlântico Sul
- Paraguai
- Paraná
- Uruguai
- Rio
- Limites internacionais
- Limites estaduais

Escala: 1 cm : 300 km (0 – 300 – 600 km)

Fonte: *Atlas geográfico escolar*. 7. ed. Rio de Janeiro: IBGE, 2016. p. 105.

Brasil: vegetação – 2010

Legenda:
- Limites internacionais
- Limites estaduais
- Área devastada

Formações florestais
- Floresta Amazônica
- Mata dos Cocais
- Mata Atlântica
- Mata de Araucárias

Formações arbustivas e campestres
- Caatinga
- Cerrado
- Campos
- Campinarana

Outras formações
- Complexo do Pantanal
- Vegetação litorânea

Fonte: Gisele Girardi e Jussara Vaz Rosa. *Atlas geográfico do estudante*. São Paulo: FTD, 2011. p. 26.

Encartes

Peças para a atividade da página 39.

Peças para a atividade da página 159.

▶ Caatinga. São Lourenço do Piauí, Piauí, 2015.

▶ Cerrado. Pirenópolis, Goiás, 2015.

▶ Floresta Amazônica. São Gabriel da Cachoeira, Amazonas, 2017.

▶ Floresta Atlântica. Cananeia, São Paulo, 2015.

▶ Mata de araucárias. Passos Maia, Santa Catarina, 2016.

▶ Mata dos cocais. Timon, Maranhão, 2015.

▶ Floresta Atlântica. Cananeia, São Paulo, 2015.

▶ Campos. Santa Maria, Rio Grande do Sul, 2017.

▶ Cerrado. Pirenópolis, Goiás, 2015.

▶ Floresta Amazônica. São Gabriel da Cachoeira, Amazonas, 2017.

▶ Mata de araucárias. Passos Maia, Santa Catarina, 2016.

▶ Caatinga. São Lourenço do Piauí, Piauí, 2015.

▶ Campos. Santa Maria, Rio Grande do Sul, 2017.

▶ Mata dos cocais. Timon, Maranhão, 2015.